薬剤と健康保険の人類学
ガーナ南部における生物医療をめぐって

浜田明範

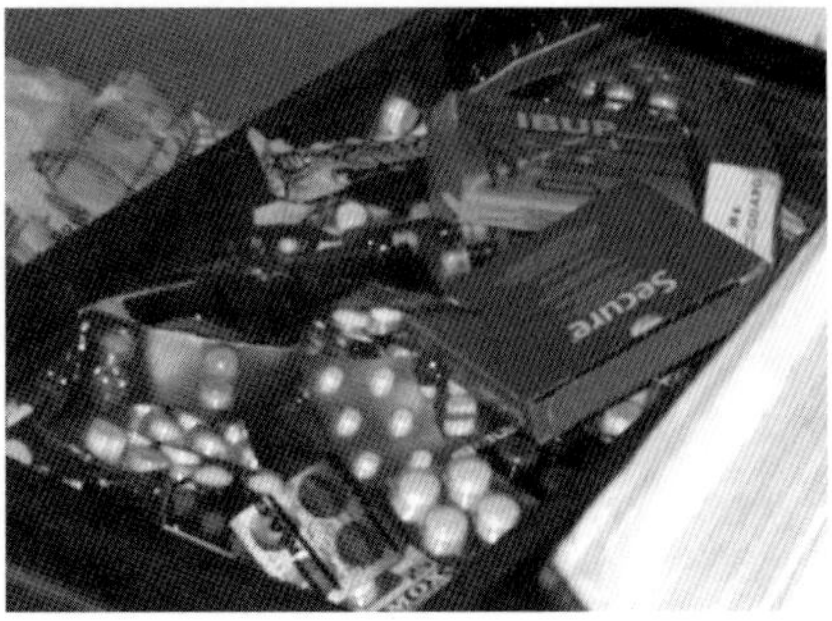

風響社

はじめに

アフリカと聞くとどのようなことを想像するだろうか。紛争や飢餓に悩まされる人々。苦しみながらも働き続ける子供たち。マラリアやエボラ出血熱といった日本では馴染みのない病気。社会問題として焦点化されることでアフリカは負のイメージを付与され続けている。そんな中、人類学者はそこで暮らす人々の日常を生き生きと描き出すことで、メディアを通じて生産され続ける負のイメージに対抗してきた。アフリカは必ずしも悲劇の中にあるわけではない。そこには、喜びがあり、怒りがあり、生活がある。

それでは、アフリカの医療と聞くとどのようなことを想像するだろうか。熱帯雨林を渉猟して選びとった薬草を用いた治療、いわゆる「伝統的な」治療師による呪術的な儀礼、近年勢力を拡大しているキリスト教会による悪魔祓い。私たちとは異なる形態の治療の存在が強調されることで、アフリカの医療はアフリカの後進性と他者性を示す格好の事例となってきた。

奇妙なことに、こと医療に関しては、一般に流布しているイメージと人類学者の記述はそれほど大きく異なっていないように思える。もちろん、個々の人類学者は、単純にアフリカの他者性を強調してきたわけではないし、「彼ら」の治療で用いられる論理と「私たち」が日常的に使用している論理との間に共通性を見出してもきた。

しかし、全体として見れば、人類学こそがアフリカの医療の未開性と他者性を生産し、補強してきたといっていいだろう。

正直に告白するならば、医療人類学者としてフィールドワークをするために二〇〇五年に初めて西アフリカのガーナ共和国を訪れた時、私もエキゾチックな医療との出会いを少なからず期待していた。何のことはない。アフリカに自分たちとは違う他者性を期待していたのは他ならぬ私自身だった。本書の中心的な主題のひとつである薬剤についての調査は、そのようなエキゾチックな医療に辿り着くまでの「つなぎ」として始めたという側面もあった。

しかし、実際に調査を始めて分かったのは、予想していたよりもはるかに多くの人が、はるかに頻繁に薬剤を使用しているということだった。首都のアクラ（Accra）市内には、現地の人々が利用する薬局がいたる所にあったし、人々は抗生物質や解熱剤といった私たちに馴染み深い薬剤を日々使用していた。本書で明らかにしていくように、そのような薬剤の遍在とでも言うべき状況は、何も都市部に限定されたことではなかった。後進性と結び付けられやすい農村部においても、薬草や呪医や教会で治療される病気は、私たちに馴染み深い薬剤で治療される病気に比べて圧倒的に少ないことが分かったのである。

この発見は、同時に、これまでの人類学に対する違和感に繋がった。確かに、アフリカの医療を対象にする民族誌は、「彼ら」が何をどのように考えているのかを明らかにするために多大な貢献を残してきた。その価値は疑うべくもないし、これからも無くなることはないだろう。その一方で、人類学者は病気に対して人々が行っているあまりにも膨大な領域から目を逸らしてきたのではないか。私たちは、薬草や呪医や教会だけではなく、人々がどのように薬剤や病院や健康保険を利用しているのかについても記述する必要があるのではないか。

本書はここで述べたような素朴な関心に動機づけられている。もし、アフリカの薬草や呪術、悪魔祓いについて知りたいならば、この本を読んでも得る物は少ないだろう。それらについて、本書よりも詳細に書かれた本はいくらでもある。しかし、もしアフリカの人々がどのように病気に対処しているのかを知りたいならば、アフリカにおける薬剤や病院や健康保険がどのようなものかについても知る必要がある。しかし、それらについて日本語で書かれた本はほとんどない。本書は、このアンバランスを少しでも是正することを目指して書かれている。

今にして思えば、この選択は私がフィールドワークを始めたときの経験とも密接に関連している。二〇〇五年一一月、ガーナではじめての調査を行っていた私は、途方に暮れていた。抗生物質や解熱剤といった薬剤が、いわゆる「第三世界」でどのように流通し、使用されているのかについてまとめた修士論文を携えて、博士課程に進んだばかりだった私は、ガーナの医療に関する調査を行い、博士論文を書こうと考えていた。この年は資金的な理由からわずか二か月ほどの滞在しか予定できていなかったが、今後の本格的な現地調査の際に自分を受け入れてくれる場所を探すことをひとつの目標としていた。しかし、滞在期間の半ばを過ぎてもそのような場所の手がかりさえ見つけることができずにいた。

私はどこか夢を見ていたのかもしれない。他の人類学者が民族誌の中で描いてきたように、首都のアクラでいろいろと動き回っていればびっくりするような出会いがあって、人類学者としての今後の人生を導いてくれるような大親友が現れるに違いないと淡い期待を抱いていた。しかし、アクラやその近郊でひと月以上過ごしても、定宿にしていたゲストハウスの女中さん以上に仲の良い友達はできなかったし、アクラの地図に膨大な数の薬局をマッピングした以上の成果は得られなかった。人類学者として、現地語を使いこなせるようになることに憧れを抱いていた一方で、人々がしゃべっている内容はおろか、それが何語でなされている会話なのかさえもわからない惨状だった。

さすがにこれはいけないと思った私は、夜中に地図を睨めながら決断し、イースタン州西部にあるプランカシ

（Pramkese）という町まで行ってみることにした。地図を見た感じではそれほど大きな町ではなさそうだったこと、近くに川が流れていること、公立のヘルスセンターが存在していることが理由だった。とりあえず、行ってみよう。それで、ダメだったらまた別の場所を探せばいい。どこか吹っ切れた私は晴れやかな気持ちで翌朝を迎えた。そして、プランカシ近郊の中規模都市カデ（Kade）に向かったのである。

昼過ぎにカデについた私は、乗り合いバスのターミナル近くの宿に部屋を取り、マラリアを予防するために蚊取り線香を焚き、町を探検することにした。カデの町は二時間弱もあれば端から端まで歩けるくらいの大きさだった。アクラに慣れはじめていた私からすれば、それほど大きな町のようには思えなかったが、やはりもう少し小規模の集落の方が調査には向いているように思えた。宿のボーイと雑談をしながら夜を待った私は、消えかけていた蚊取り線香を新しいものに変え、眠りにつくことにした。眠りに落ちる直前に目の前に羽蟻が落ちてきたことを今でもよく覚えている。

異変は深夜に起きた。今までに経験したことのないような大地震が起きたのである。大変なことが起きた。ガーナで大地震なんて聞いたことがない。慌てて飛び起きた私は、自分の部屋に異変がないことを確かめてから周囲の反応に耳をそばだてた。しかし、周囲は完全に寝静まっており、びっくりするほど静かだった。それは悪いことではない。また明日にでもようすをみればいい。そう思って眠りにつこうとした私は、再びの大地震で目を覚ましました。なんか、すごいことが起きている。しかし、相変わらず周囲は静かなままだった。再度眠りにつこうとしたとき、再び、大地震が起きた。それは、めまいがして、車酔いがするくらいの大きな揺れだった。ここに至って、さすがの私もようやく何が起きているのかに気づいた。揺れているのは地面じゃない。

当時、私はマラリアを予防するためにメフロキン（mefloquine）という副作用の強いマラリアの予防薬をアクラで購入し、週に一度、定期的に飲んでいた。メフロキンは様々な副作用を持つのだが、その中には眠りが浅くなることや、悪夢を見ることが含まれる。換気の悪い部屋で蚊どころか羽蟻が落ちるまでに蚊取り線香を焚いていた私は、メフロキンと蚊取り線香の合わせ技で完全に中毒症状を起こしていた。とにかく、眠くて仕方がないのに、眠ろうとすると頭がガンガン揺れてめまいと吐き気が訪れる。夜中の三時から五時までこの強烈な副作用に苦しめられた私は、翌朝になっても気分がすぐれず、友人の一人もいないプランカシに行くことなどできないと弱気になっていた。

それでも、午後になってなんとか調子を取り戻した私は、意を決してプランカシに向かうことにした。ダメだったらしょうがない、という気持ちはアクラにいた時よりもはるかに強くなっていた。前日の夜中にあんなことがあったのだから、それも仕方のないことだろう。プランカシ行きの乗り合いタクシーに乗り、乗り合わせた乗客のルカヤから揚げたヤムイモを分けてもらったり、「プランカシに何をしに行くんだ？」と問うてきた運転手のクジョに対して「プランカシにちょっと滞在したいんだ」と話しているうちに、車はプランカシに到着した。

車から降りると、クジョは再度私に聞いてきた。「お前はどこに行くんだ？」と。「ホテルかゲストハウスはどっちにあるの？」と無邪気に聞き返した私に、クジョは絶望的なセリフを放った。「ここには、ホテルもゲストハウスもない」。私はしばし絶句し、「さすがにこれは無理かな、今日は昨日のホテルまで帰ろうかな」と思い始めていた。するとクジョは、今度は一筋の希望を与えてくれた。「俺が村長に話をつけてくるからちょっとここで待っていろ」。

その後、とんとん拍子で話は進み、私はそれから三週間程プランカシに滞在することができた。当時のことをこうやって子細に思い出してみると、私が本書の元になった現地調査を行うことができたのは、私がプランカシに入りたいという気持ちを強く持っていたからではないことがよく分かる。プランカシの人々が、弱気になって逡巡していた私の手を引きよせて受け入れてくれたのだ。もっとも、最初に手を引いてくれたクジョはもうこの世にはいないのだけれど。

同時に、私がプランカシに入ることになったこの一連の過程には、メフロキンという強烈な副作用を持つ薬剤がひとつのアクセントを加えている。その後も、メフロキンの副作用は私を悩ませ、文字通り多くの悪夢を見ることになった。とはいえ、悪いことばかりでもなかった。四章の元になった論文をまとめているとき、いつものようにメフロキンの副作用と暑さで寝苦しい夜を過ごしていると急にたくさんの発想が頭の中に浮かんできた。私は一通り思考を追い終えると、忘れてはいけないとばかりに飛び起き、できる限りメモを取った。ガーナの健康保険と人々の生活の関係をどのように考えればいいのか、方針はそのときに定まった。本書の二章と三章が薬剤について書かれたものだとするならば、四章は薬剤によって書かれたものだ。

そして、薬剤が独特のアクセントを加えているのは、何も私の人生に限ったことではない。それは、プランカシで暮らす多くの人々の生にも同じように妥当する。本書は、プランカシというひとつの町において、薬剤と健康保険を中心とする生物医療にまつわるテクノロジーがどのように人々の生活に影響を与えているのかについて述べるものである。私がプランカシの人々と付き合うようになった経緯は、当初期待していたほどにドラマチックなものではなかった。しかし、私を受け入れてくれたプランカシで、他ならぬ薬剤についての本を書くということに、どこか因縁めいたことを感じずにはいられない。少なくとも、この本はガーナに行く前にすでに書いていた修士論文の延長線上に位置づけられるようなものではなくなっている。ガーナで、人々と薬剤と共にすごした時間が本書を形づくっている。

薬草や呪術や悪魔祓いについてではなく、薬剤や病院や健康保険について書くためには、ある種の思い切りも必要であった。それは、ガーナ南部で暮らす人々の「固有の論理」を抉出するためには適さない選択だからだ。しかし、ガーナ南部の「固有の論理」なるものを描き出すことが困難になりつつある中で、それでもなお「彼ら」

についての記述が私たちの人生に意味を持つのだとすれば、今、彼らが日常的に利用しているものについて書く必要があると私には思えた。この選択が、アフリカの医療についてのイメージをわずかでも更新し、ガーナ南部で暮らす人々の生活について理解するための一助となり、生物医療と人間の関係を再考するための手掛かりになれば幸いである。

●目次

装丁＝佐藤一典・オーバードライブ

薬剤と健康保険の人類学——ガーナ南部における生物医療をめぐって

序論　「生物医療」に抗しながら書くこと

今日、ガーナ南部の農村部で暮らす人々は、薬剤・ヘルスセンター・看護師・健康保険といったモノや人、制度と日常的に触れ合っている。人々は毎日のように町の薬屋で抗生物質や解熱剤を買い求め、町中を歩く看護師と会話する。健康保険の加入を勧める宣伝は、看板や横断幕、ラジオ、テレビといったメディアを通して頻繁に行われている。これらの通常「生物医療」の一部と見なされるような要素がどのように人々の生活や社会を内側から構築しているのかを記述することが本書の目的である。

本書を通じて議論していくように、現代アフリカにおける生物医療をめぐる状況はめまぐるしく変化している。アフリカは、どうしてもすべてが足りない場所として想像されがちである。人々は貧困に苦しんでおり、医師も薬剤も看護師もすべてが足りない。そこに健康保険など存在するはずもないし、まだそれが必要な段階を迎えてはいない。人々は、呪医の治療や薬草を用いることで病気に対処している。そんなイメージが一般的なのではないだろうか。アフリカに足を踏み入れたことのある人ならば、そのようなイメージが極めて一面的であることに気づくかもしれない。しかし、メディアにおけるアフリカの語られ方を鑑みれば、このようなアフリカの医療をめぐるイメージが一般的であることは致し方ないことなのだろう。同時に、より重大な問題は、人類学者が紡いできた言説もまた、そのようなイメージの構築に寄与してきたことである。

これから序論で詳しく述べていくように、アフリカを対象とする医療人類学の先行研究は、「生物医療」を現地社会と相互作用しうるようなひとつの総体として扱ってきた。そこでは、「生物医療」の一体性が強調されると同時に、それが現地社会の外部であるヨーロッパから持ち込まれたことが繰り返し強調されている。本書は、このような「生物医療」のイメージを用いては、現代アフリカの生物医療をめぐる状況を記述することができないという立場をとる。つまり、(1)「生物医療」をひとつのまとまりとして扱う枠組みや、(2)「生物医療」の外部性を強調する枠組みを用いては、これまで「生物医療」の一部と見なされてきた諸要素が現地社会を構築していく様子を記述できないと主張していく。

欧米を対象とする人文・社会科学の先行研究が、「生物医療」が社会を内部から構築していることを繰り返し指摘してきていることを考えるならば、このことは決して些細な問題ではない。欧米においては、「生物医療」は社会や人間についての想像力を社会の内側から変容させる主要な要因として扱われるのに対し、なぜ、アフリカにおいては、「生物医療」は社会の外側にあると考えられ続けるのであろうか。私達は、両者を同じように論じることができるような新しい枠組みを鍛造する必要があるのではないか。

このような従来の「生物医療」概念の困難を乗り越えるため、本書では、フーコーやアガンベンの発想に由来する「装置」(dispositif)という概念を採用する。つまり、「生物医療」を、「現地社会と相互作用する外在的な領域」としてではなく、「現地社会の内部にあって社会そのものの構成や範囲を組み換えていく内在的な要素の分散的な複合」として扱う。序論では、このアプローチの必要性と有効性を明らかにするために、アフリカを対象とする人文・社会科学において「生物医療」がどのように扱われてきたのかを明らかにした上で、フーコーやアガンベンの議論に依拠しながら「装置」という発想について説明していく。

やや遠回りに思えるかもしれないが、まずはこれまでの医療人類学で「生物医療」がどのようなものと想定されてきたのかを明らかにした上で、その想定が三つの問題点をはらみうることを指摘することから始めよう。

一 「生物医療」から〈生物医療的な要素〉へ

これまでの医療人類学では、構造機能主義的なシステム論に依拠したシステムとしての「医療」という発想が支配的なパラダイムとして採用されてきた。ここでいう構造機能主義的なシステムとは、相互に排他的な領域から構成される領域が入れ子状に重なることによって階層化されているシステムのことである。この理論的枠組みの中では、ひとつの全体としての社会システムは、それ自体サブシステムとして見なされるような、司法や政治、芸術や「生物医療」が緊密に結びつくことによって維持されていると考えられる。同時に、この「生物医療」自体も、それを構成する様々な要素が結びつくことによって維持されているとされる。[1] システムとしての「生物医療」という発想は、多くの研究を可能にした極めて生産的な仮説であり、その有効性は現在においても失われているわけではないが、その反面いくつかの危険性を抱えてもいる。

この危険性について明らかにするために、医療という言葉の意味を確認することから始めよう。通常、日本語の日常語では、医療は治療行為のことを指し示す言葉として使用されている。一方で、医療人類学や医療社会学では、単なる治療行為を越えたひとつのシステムとして「医療」という言葉を用いている。そこでは、(1)医療行為とそれを支える様々な要素を〈医療〉というひとつのカテゴリーにまとめた上で、(2)このカテゴリーに分類される要素が緊密に結びついて「医療」というひとつのシステムを形成していると想定し、(3)そのような（サブ）システムとしての「医療」は経済や宗教などと並列的な関係にある、社会の中の一領域だとされてきた。

本書では、記述上の問題から、行為、カテゴリー、システムの三つを区別して記述していく。まず、日常用語で用いられる治療行為のことを指す場合には医療と呼び、そのような行為を支えているとされる種々の要素をひとつのカテゴリーとしてとらえる場合には〈医療〉と呼び、カテゴリーとしての〈医療〉がシステムとして想定されている際には「医療」と呼ぶ(2)。

「医療」をシステムと考える発想は、すべての「医療」の原型として扱われてきた「生物医療(3)」についての分析から導き出されている(4)。本書では、行為としての生物医療を「生物科学に依拠する医学理論や医学的知識(生物医学)に基づいて行われている医療行為」と定義するが、システムとしての「生物医療」という発想はこの行為としての生物医療が単独で存在するのではなく、様々な要素によって支えられているという認識に基づいている。

生物医療の定義の中に、生物医学の存在が書き込まれていることからも分かるように、行為としての生物医療は単独では決して存在しえない。生物医療を支える要素としては、先に挙げた(1)生物医学に加えて、(2)生物医療を行う人々、(3)生物医療が行われる生物医療施設、(4)生物医療を再生産し標準化するための教育・資格制度、(5)国家による保健政策、(6)生物医療を可能にする薬剤や各種機器といったモノとその開発・生産技術、があげられる(5)。

これらの要素は単に生物医療の存在を保証し、生物医療を支えているだけではなく、その性質や有無は生物医療の性質そのものを変化させる。そのため、医療人類学では、行為としての生物医療の中心性を前提としたうえでそれを支える諸要素があると想定するよりも、行為としての生物医療を含めた様々な要素が有機的に結びついたシステムとしての「生物医療」を捉える方が適切であると主張されてきた［Hahn and Klienman 1983: 306］。かくしてシステムとしての「生物医療」は、生物医療に関係する諸要素をまとめて言及するための単なるカテゴリーとしてではなく、一体的に振舞うひとつの総体として、また、行為としての生物医療に先立つ存在として想定され［Gaines and Davis-Floyd 2004: 96-97］、宗教や政治、経済、芸術、美学、倫理といった「医療」の外部にあるとされる領域と相互作用すると想定されてきた［Hahn and Klienman 1983: 306, 312-314］。

同時に、ひとつの社会には必ずしもひとつの「医療」のみが存在するわけではないという前提に立つ、「複数医療／医療多元論（medical pluralism）」という医療人類学の分析枠組みの中では、「生物医療」は「民俗医療」(6) とも明確に異なる領域を占めるものとされてきた。このことは、クラインマンがヘルスケア・システムの概念図において「専門家セクター（＝「生物医療」）」と「民俗セクター（＝「民俗医療」）」を相互に交わることのない領域として描き出していること［クラインマン 一九九二（一九八〇）］や数々の医療民族誌において「生物医療」とその他の「医療」が章や節をわけて論じられてきたこと［e.g. Twumasi 1975; Appiah-Kubi 1981］に端的に表れている。また、どの「医療」を選択するのかに関する傾向の差異は教育や社会関係の差異と相関するとされ［Janzen 1978］、階級や人種、民族、性差といった集団の差異と連関しているとされてきた［Baer 2004］。とりわけ、アフリカを対象とする医療民族誌では、現地社会にもともと存在していた「民俗医療」に対し、「生物医療」は外部から当該地域に持ち込まれたものとして扱われ、しばしば現地社会そのものと相互作用するとされてきた。

このような、システムとしての「生物医療」を想定し、それを現地社会の外部にあるとする発想では、現在のアフリカ、特に本書の対象であるガーナ南部の農村部をめぐる状況を適切に理解することができない、というのが本書の主張である。もちろん、大局的に見るならば、「西洋に端を発する『生物医療』がガーナの外部から持ち込まれた」というのは、歴史的事実と考えられるかもしれない。しかし、このような通時的な認識を、共時的な状況を分析する際にも適用可能であると無批判に想定することは危険である。

例えば、医療人類学や医療社会学では、いわゆる「第三世界」における薬剤の普及を当然のようにシステムとしての「生物医療」の拡大と見なす傾向がある。(7) しかし、薬剤が当該地域の既存の論理に従って理解されているのであれば、(8) 薬剤の普及を単純に「生物医療」の拡大と見なすことや「生物医療」と現地社会を相互に排他的な領域とみなすことは不適切であろう。「第三世界」の多くの地域においては、「生物医療」を構成するとされる生物医学的な知識と薬剤の関係は欧米や日本のそれとは明らかに異なっており［浜田 二〇〇八a：本書三・四章］、もはやそれらが「生物医療」というひとつの全体を構成しているとアプリオリに想定することはできない。

ここから明らかになるシステムとしての「生物医療」という発想の第一の問題点は、「生物医療」という言葉で一括されてきた諸要素が緊密に結びついていることを前提とするために、諸要素間の関係性の偏差を等閑視しやすくしてしまう点にある。薬剤と薬剤についての生物医学的な知識の例に見られるように、「生物医療」を構成するとされてきた諸要素は必ずしもひとつの塊として均等に普及していくわけではない。そのため、世界各地に存在する（とされる）「生物医療」を比較すれば、それに含まれている諸要素の関係性は同一ではなく、特定の要素の不在や要素間の関係の断絶が必ず見つかるはずである。しかし、「生物医療」という発想そのものがこのような偏差を見えにくくし、例えば薬剤の存在を「生物医療」の存在と同一視する土壌を提供している。そのため、もし私達が特定の地域における「生物医療」のあり方を捉えようと真剣に試みるならば、「生物医療」という発想の持つバイアスに充分に注意する必要がある。いま求められているのは、「生物医療」に抗しながら書く方法なのである。

そこで、本書ではシステムとしての「生物医療」を構成するとされてきた要素を〈生物医療的な要素〉と呼び、この〈生物医療的な要素〉を主たる分析の対象に据える。つまり、システムとしての「生物医療」という発想の前提にある、カテゴリーとしての〈生物医療〉という括り方に依拠しながらも、ひとつのまとまりとして他の領域と相互作用するようなシステムとしての「生物医療」の存在を自明視することを避ける。その上で、当該地域において、〈生物医療的な要素〉（生物医学、生物医療従事者、生物医療施設、生物医療を再生産し標準化するための諸制度、国家による保健政策、生物医療を可能にする薬剤や各種機器といったモノ etc.）がどのように相互に関連しながら（あるいは関連せずに）存在しているのかを吟味していく。[9]

システムとしての「生物医療」が要素間の唯一の普遍的な関係性を暗黙のうちに前提としがちなのに対し、〈生物医療的な要素〉についての記述は要素間の関係性のあり方を分析の主要な対象に据えることができるからである。[10]

二 〈生物医療的な要素〉の内在性を認めること

システムとしての「生物医療」という発想の第二の問題点は、「生物医療」を現地社会と相互作用しうるものと想定していること、つまり「生物医療」を現地社会の外部に存在すると想定していることである。

本書で繰り返し述べていくように、〈生物医療的な要素〉は当該地域で暮らす人々の日々の生活の前提となっている。生業や気候、家族形態や政治制度と同じように、〈生物医療的な要素〉が人々の行為の選択や経験のあり方に重大な影響を及ぼしているのであれば、〈生物医療的な要素〉の外部性を自明視することはできないはずである。欧米を対象とする医療人類学や医療社会学が行ってきた、〈生物医療的な要素〉が内部から現地社会のあり方を変容させているという分析[11]が、現在のアフリカにおいても妥当するというのが、ここでの主張である。

議論が過度に抽象的になるのを避けるために、具体的な事例に即してこの点について議論を進めていこう。

事例一：ジョーの痛み[12]

二〇〇八年一〇月のある朝、帰国を一週間後に控えていた私はいつものように食堂に向かい、いつものよ

写真 0-1　ヘルスセンターは町の中心部から外れた、畑へと続く緩やかな上り坂の脇にある。2013 年 1 月撮影。

うにアコ（五〇歳・女性）の家を通りかかった。彼女と同居している従姉妹のアマにアコの所在を尋ねると、息子のジョー（一八歳・男性）に付き添ってヘルスセンター[13]に行っているという。夜中に急に背中が痛いと言い始めたジョーは明け方には寝ていられる状態ではなくなり、タクシーをチャーターしてヘルスセンターに運んだのだという。

自分が行ったところで何もできないと考えた私は、まずは予定通り朝食をとることにした。その後、必要になると予想された少しばかりのカネを持ち、アコの家に戻ると、ちょうど彼女が戻ってきたところだった。注射と点滴[14]を打たれたジョーは平静を取り戻してヘルスセンターのベッドで寝ており、今はアコのもう一人の従姉妹であるベリンダが付き添っているという。

重症でなかったことに安堵を覚えつつヘルスセンターに向かうと、五セディ[15]（≒5.5US$）ほどの紙幣を握りしめたベリンダが待合スペースの長椅子に腰かけていた。診察をしたメディカル・アシスタント[16]に病状を訪ねると、運ばれてきたときは痛みによるショック状態だったが、注射と点滴によって状態は落ち着いており、一週間ほど薬を飲みながら休めば背中の痛み自体も消えるという。一通り話を聞いた私は、用意していた一〇セディをベリンダに手渡し、町に戻ることにした。ジョーは国民健康保険[17]に加入していなかったため、注射と点滴を含めた医療費は一〇セディ強に上っており、タクシー代を含めた全支出は一五セディに達していた。

痛みの原因について、家族はジョーの仕事と関連付けて理解していた。一八歳のジョーは、長年通った中学（junior secondary school）をようやく卒業し、高校（senior secondary school）に入学するための準備をしているところだった。学費を稼ぐため、ジョーは一か月強の間ほとんど休むことなく日当二セディでヤシ油を精製する仕事をしていた。高校に入学するためには年間二〇〇セディの学費に加えて、制服や教科書を用意するために一〇〇セディ程度のカネが必要になる。彼の強い希望とそれを叶えるための必死の努力にもかかわらず、私にはジョーが高校に通うことは極めて難しいように思えた。両親は一〇年程前に離婚しており、ジョーと一緒に暮らしている母親のアコは、長い間結核を患っていたこともあり、日々の生活に困るほど経済的に困窮していたからだ。

ここでは、もっぱら疾病[18]（disease）を対象とする生物医学的な発想に親しんだ私達の常識的な見解とは異なり、ヘルスセンターやメディカル・アシスタント、注射や点滴といった〈生物医療的な要素〉は、単純にジョーの病気に対処するためのものではない。ヘルスセンターが四〇年ほど前に建設されていなかったり、メディカル・アシスタントが遠くで暮らす妻のもとに帰っていたり、注射や点滴の在庫がたまたま切れていたら、ジョーの病気は実際に起きたものとは大きく異なる形で推移していただろう。つまり、〈生物医療的な要素〉とジョーの病気はそれぞれ独立して存在しているのではない。むしろ、病者やその家族の行為は、〈生物医療的な要素〉がそこに存在することを前提にしている。[19]この意味で、〈生物医療的な要素〉は、様々なやり方でジョーの病気が特定のやり方で推移するように導いており、ジョーの病気に内在する――病気の外部に存在しているのではなく――要素となっている。[20]症状の緩和や病因の除去といった直接的な対処とその結果は、それがもっとも可視的なものだとしても〈生物医療的な要素〉が病気の推移を導いていく数あるやり方のひとつでしかない。

つまり、〈生物医療的な要素〉と病気はそれぞれ独立に存在しているのではなく、〈生物医療的な要素〉の存在が個別的な病気の推移を特定の方向に導いている。この意味で〈生物医療的な要素〉は病気や日々の生活の中にすでに含みこまれているのである。このことを端的に示しているのは、病者やその家族はそこに〈生物医療的な要素〉が存在すること（あるいは、しないこと）を前提として行為しており、それらの要素が存在するかどうかは実際の病気の推移に大きな影響を及ぼしているという事実である。

　同時に指摘しておくべきなのは、ジョーの病気の推移に影響を及ぼしているのは、〈生物医療的な要素〉だけではないということである。彼が病気になったのは、毎日重労働を行っていたためであり、それはカネを獲得するためである。カネが必要なのは高校に入学するためだが、それは同時に、彼の母親が学費を工面できなかったからでもある。その背景には、両親が離婚していたことと母親が結核に罹っていたことがある。[21]

　このように考えると、〈生物医療的な要素〉とそうでない要素の間に存在論的な差異を想定することはできなくなる。[22]〈生物医療的な要素〉（ヘルスセンター、メディカル・アシスタント、注射 etc.）と〈非生物医療的な要素〉（学費、ヤシ油の精製、両親の離婚 etc.）は、どちらも同じようにジョーの病気の推移を方向づけており、どちらも同じようにジョーの病気に含みこまれている。そこに違いはない。

　このように、〈生物医療的な要素〉が〈非生物医療的な要素〉と同じように、すでに人々の生活の一部となっているならば、現地社会から「生物医療」を選り分けてきて、現地社会と相互作用できるような総体として扱うことは極めて困難である。この意味で、〈生物医療的な要素〉は病気や人々の生活の外部に寄り集まって存在するのではなく、その他の様々な要素と同様に、すでに現地社会の内部にあって人々の生活を構築しているのである。

三　〈生物医療〉の切り取り方の複数性

システムとしての「生物医療」という発想の最後の問題点は、〈生物医療〉の切り取り方の複数性を認めていない点にある。この問題点を理解するためには、これまで述べてきたことと矛盾するように思えるかもしれないが、医療人類学における〈生物医療〉に相応するようなカテゴリーが不断のプロセスの結果として「存在している」ことを認める必要がある。

冒頭で述べたように、システムとしての「生物医療」という発想は、行為としての生物医療を支える要素を〈生物医療〉というひとつのカテゴリーとして括った上で、そのカテゴリーを他の領域と相互作用できるひとつの領域として扱う、というものである。前節で問題視したのは、〈生物医療的な要素〉がすでに人々の生活の前提となっている中で、それらを「生物医療」というシステムを構成するものとして現地社会から選り分けて、外部にあると想定することの困難さであった。

しかしながら、医療人類学者が〈生物医療〉というカテゴリーを使用してきたように、人々は様々な状況において〈生物医療〉に相応するようなカテゴリーを切り取っており、またそのような区切りを作り出すための様々な制度や行為が存在していることもまた、否定しがたい事実である[23]。つまり、ひとつのカテゴリーとしての〈生物医療〉は、単なる机上の空論ではない。それは人々によって生きられ、人々の行為の前提となることによって、現実化し続けている発想である。ただし、「カテゴリー」としての〈生物医療〉は、「システム」としての「生物医療」のような一体性を持って別の領域と相互作用するような実体として認識されているわけではない。この意味で、カテゴリーとしての〈生物医療〉やそれに相応するカテゴリーを使用することと、システムとしての「生物医療」を想定することの間には決定的な差異がある。

その上で、カテゴリーとしての〈生物医療〉の切り取り方は、必ずしも単一ではなく、複数存在しうるというのが、ここでの主張である。この点についての詳しい分析は二章で行うが、ここでは簡潔な事例を用いて予め論点を示しておこう。

事例二　看護師による〈生物医療〉の切り取り

二〇〇六年六月から約二年に渡って、プランカシ・ヘルスセンター（以下、HCと略す）の監督責任者を務めていたベテランの看護師ステラにケミカルセラー[24]についての見解を求めると、彼女はHCと薬屋を対比しながら、次のように説明してくれた。

HCで処方される薬剤と薬屋で販売されている薬剤は同じモノもあるが、ケミカルセラーは「よくない」。なぜなら、HCでは、処方する薬剤の保管状況について保健省の監督を受けているし、保健省の指示に基づいて古い「よくない」薬剤の使用を中止し、新しく導入された薬剤を使用している。しかし、ケミカルセラーでは依然として古いタイプの「よくない」薬剤を使用している。だから、ケミカルセラーは「よくない」のだという。

ここでステラはヘルスセンターとケミカルセラーの差異を指摘しているが、その際に両者を区別する指標となっているのが、保健省の監督を受けているかどうか、薬剤が生物医学に鑑みて適切に使用されているかどうか、という点である。ステラにとっては、薬剤は生物医学と結びついているべきモノであり、そうではない薬剤の存在の仕方は「よくない」のである。ここで「よくない」という表明は、「だから、ケミカルセラーで薬剤を買うのを止め、〈ヘルスセンターに来るべきである」という含意、あるいは、薬剤は生物医療施設において生物医療従事者によって生物医学に基づいて供給されるべきであるという含意を持っている。これは、〈生物医療的な要素〉はバラバラに存在するべきではなく、「生物医療」という形で一体化して存在するべきだという主張である。このようなステラの主張は決して珍しいものではなく、むしろ日本で暮らす私達にとってはなじみ深い発想といえるだろう。

〈生物医療的な〉という形容詞を頻繁に使用することは、本書がこのような常識的な発想に部分的に依拠していることを意味する。つまり、〈生物医療的な要素〉に注目することは、医療人類学におけるシステムとしての「生物医療」という発想が前提とする〈生物医療〉の切り取り方に依拠しながら、それを再編成していくための企図である[25]。

しかし、このような形で〈生物医療〉を切り取ることが、必ずしも普遍的でも唯一のものでもないことには留意が必要である。この点を明確にするために、ガーナ南部における病気に関わる要素を区分するやり方の一例を提示しておこう。

事例三　病院の病気と魂の病気

プランカシの美容師の先駆者的存在のアリスは、三二歳（二〇〇九年現在）の独身女性である。アリスは、二〇〇九年六月から八月にかけての二か月間、病気のためにアスオム（Asuom）のアフリカン・フェイス・タバナクル教会のチュマシ牧師のところに住み込んで治療を受けていたという[26]。

アリスによると、彼女の病気は「病院の病気　clinic *yare*」ではなく、「魂の病気　*sunsum yare*」だという。プランカシでは、〈スンスムが何なのか〉については多くの人は「それは影だ」というだけで、スンスムと身体の関係がどのようなものなのかについて曖昧にしか答えることができない[27]。しかし、〈スンスム・ヤレが何なのか〉については人々にある程度共有されている見解がある。

スンスム・ヤレとは、病院では治らない病気のことで、牧師（*ɔsɔfo*）か呪医（*ɔkɔmfo*）か薬草師（*odunsini*）にしか治せない病気だという。妖術師（*ɔbeifo*）や精霊（*ɔbosom*）にスンスムが「叩かれ *bɔ*」たり、彼らと「結婚する *ware*」ことによってなる病気で、病院に行っても「治せない」と言われる病気である。病院では治せないスンスム・ヤレが存在するという認識は世代や教育レベル、エスニシティの差異を超えて共有されており、その存在はヘルスセンターの看護師も認めている。

長老派教会の熱心な信徒でもあるアリスはこのときの治療経験について多くのことを語ってくれなかったが、その概要は以下の通りである。二〇〇八年三月に、体調の不良を感じたアリスはアクォティア（Akwatia）の聖ドミニク病院[28]に通ったが、処方された薬剤を飲んでも病気が治ることは無かった。そのため、アリスは教会に行くことを決意し、名の知られていたアスオムのチュマシ牧師のもとを訪れた。二か月の治療生活の間、教会では病院の薬剤と共に牧師のくれた薬草を服用し、毎日祈りをささげた結果、病気は去り、すっかり元気になったという。牧師に対する謝礼は、全部で三〇セディだった。

二〇〇九年一〇月に再会した時、アリスは明らかにやせ細っており、その容姿は闘病生活の激しさを物語っていた。

病院の病気と魂の病気という区分は、ガーナ南部では一般的な病気の分類の仕方のひとつである[29]。病院の病気は病院やヘルスセンターや薬剤や薬草で治すことのできる病気であり、魂の病気は牧師か呪医か一部の薬草師にしか治すことのできない病気だという。〈生物医療〉というカテゴリーに依拠するならば、病院の病気が〈生物医療〉

表 0-1　〈生物医療〉の切り取り方の複数性

ステラ	–	薬屋	ヘルスセンター
アリス	魂の病気	病院の病気	

※ 灰色部分が〈生物医療〉に相応するようなカテゴリー

の対象であり、魂の病気が〈民俗医療〉の対象であると区分することも可能かもしれない。

　しかし、ここで示されている病院の病気と魂の病気という区分は、ステラが提示したヘルスセンターとケミカルセラーの区分とは明らかに異なっている。ステラが示していたヘルスセンターとケミカルセラーの差異——生物医学と結び付いた薬剤とそうではない薬剤の差異——は、病院の病気に対処するためのモノというひとつのカテゴリーの中で解消されている。

　ここから分かるのは、医療人類学におけるシステムとしての「生物医療」が前提としているカテゴリーとしての〈生物医療〉に相応するようなカテゴリーは、様々な場面で様々に区切り出されているが、その境界線の引き方はひとつではなく、多様でありうるということである。魂の病気と比較した際には病院の病気に対応するすべての薬剤が〈生物医療〉の一部となるが、ケミカルセラーにおける薬剤と比較した際にはヘルスセンターにおける薬剤のみが〈生物医療〉の一部となる。つまり、〈生物医療〉はアプリオリに存在する固定的なカテゴリーではなく、様々な形での切り取りの結果として生成されるような不安定で流動的なカテゴリーである。

　医療人類学におけるシステムとしての「生物医療」の定式化やそれに基づく議論も、そのような〈生物医療〉を切り取る行為のひとつであり、システムとしての「生物医療」という発想はそのような切り取り行為を前提として存在している。そして、〈生物医療的な要素〉に注目する本書も同様に、医療人類学における〈生物医療〉の切り取り方に部分的に依拠している。

　ただし、本書では〈生物医療〉の切り取り方は複数存在しうることを認め、本書で依拠する切り取り方のみが正しいとは主張しない。「いい」薬剤と「よくない」薬剤の差異を主張するステラとそのような差異を想定しない本書の間にはカテゴリーの切り取り方に差異があるが、その差を優劣の差とは考えない。カテゴリーとしての〈生物医療〉に依拠している〈生物医療的な要素〉という表現は、研究の出発点において対象を指し示すために必要なツールとして用いているだけであり、その切り取り方が他の切り取り方より優れているかどうかは、少なくともアプリオリには想定できないからである。

医療人類学の先行研究は、システムとしての「生物医療」という発想を普遍的に適用可能な分析概念として用いてきた。そのため、〈生物医療〉というカテゴリーが多様に切り取られる可能性について、正面から取り組むことを避けてきた。それに対して本書で採用するアプローチは、〈生物医療的な〉という形容詞をあくまでも暫定的な呼称として用い、分析に際してはシステムとしての「生物医療」というまとまりを想定しないことで、(1)ステラが行ったようなカテゴリーとしての〈生物医療〉を維持していく動きや、(2)アリスが行ったような代替的な〈生物医療〉の切り取り方を対象化する可能性を拓くものである。

四　アガンベンの装置論と装置としての生物医療

前節の議論から分かるもうひとつのことは、〈生物医療的な要素〉は必ずしも個々別々に存在しているわけではないということである。一節で述べたように、〈生物医療的な要素〉はいつでもどこでも緊密に結びついているわけではない。しかし同時に、〈生物医療的な要素〉は互いに関連性を持って存在していると人々に考えられていることもある。その結果、関連性が存在するという前提に基づいた人々の行為によって関連性は現実化し、維持されることもある。この点を考慮するならば、〈生物医療的な要素〉は常に一体となっているわけではないが、常にばらばらに存在しているわけでもないと想定するべきだろう。本書では、このように要素間の断絶やズレをはらみながらも、潜在的に関係づけられた〈生物医療的な要素〉の複合を〈装置としての生物医療〉と呼ぶ。

これまで議論してきたことは、医療人類学の先行研究でパラダイムとして採用されてきたシステムとしての「生物医療」という発想の抱える三つの問題点を〈装置としての生物医療〉という発想を用いてどのように乗り越えるかということに他ならない。

システムとしての「生物医療」という発想は、(1)「生物医療」を構成する要素間の関係性を固定的なものと見なす、(2)現地社会と相互作用するような外在的な領域として「生物医療」を想定する、(3)普遍的で唯一の「生物医療」の切り取り方のみを認める、という三つの落とし穴に陥りがちである。

それに対し、装置としての生物医療という発想は、(1)〈生物医療的な要素〉間の関係性の可変性を認め、(2)生物医療を、現地社会を内部から構成する〈生物医療的な要素〉の分散的な複合と想定し、(3)切り取り行為の結果としてたち現われるカテゴリーとしての〈生物医療〉は多様に存在しうると考えることによって、システムとしての「生物医療」という発想の持つ危険性を回避するものである。

冒頭で述べたように、この「装置」という発想は、フーコーの統治性についての議論とそれを発展させたアガンベンの装置についての議論に多くを負っている。

アガンベンは、「装置とは何か？」という論文の中で、フーコーの分析対象は装置であると指摘した上で、それを次のように定義している。装置とは、「人間の振るまい・身振り・思考を、有用だとされる方向に向けて、運用・統治・制御・指導することを目標とする実践・知・措置・制度の総体のことである」。また、具体的に何が装置に含まれるのかについては、以下のように述べている。すなわち、装置とは、「生きものたちの身振り・操行・臆見・言説を補足・指導・規定・遮断・鋳造・制御・安全化する能力をもつすべてのものである。したがって、監獄・精神病院・一望監視施設・学校・告解・工場・規律・法的措置などが権力と接続されていることは明白であるが、ペン・書きもの・文学・哲学・農業・煙草・航行・コンピュータ・携帯電話といったものも、また……言語自体も権力と接続されている」〔アガンベン 二〇〇六：八九〕。

ここでアガンベンが議論している装置とシステムの差異を明確に意識しておくことは重要である。システム論では、「人間の振る舞い」を「制御」していく力能の所在を、個々の要素にではなく、それらを含みこむようなシステム（社会や「生物医療」といった）に見出す。それに対し、アガンベンがそのような力能を持つ装置として挙げるのは、システムや社会といった抽象的なまとまりではなく、具体的なモノや法律、言語といった要素である。

このような、システムではなく装置に注目するアガンベンの立場は、システムとしての「生物医療」ではなく、〈生物医療的な要素〉に焦点を当てる本書の立場と相同的である。〈生物医療的な要素〉がどのように現地社会の内部から社会そのものの構成や人々の生活を組み換えていくのか、〈生物医療的な要素〉によってどのように人々の行為・思考・経験が方向づけられているのか、といった問いを追及していく本書は、ガーナ南部における「生物医療」を、システムとしてではなく、装置として捉えなおしていく試みだということもできる[30]。

それでは、「装置」という発想における要素間の関係はどのようなもので、「装置」とそれの持つ効果の関係はどのようなものなのだろうか。以下、この問いに答えることで、装置としての生物医療という本書の中心的な分析概念がどのようなものであるのかを明確にしていこう。

五　雑多な要素が共同で効果をもたらすということ

「装置」という発想の特徴のひとつは、相互にそれほど明確に結びついていない要素が共同で特定の効果を発揮するという考え方にある。まずは、この点を明確にするために、「人間と事物からなる装置」という発想の紹介者であるフーコーの議論に触れておこう〔フーコー 二〇〇七（二〇〇四）、二〇〇八（二〇〇四）；中川理 二〇〇九〕。

一九七八年にコレージュ・ド・フランスで行われた講演において、フーコーは一見無関係に見える諸要素が地理的に同一の領域に存在していることによって共同でひとつの効果を達成することについて説明している［フーコー 二〇〇七（二〇〇四）］。フーコーの紹介する「人間と事物からなる装置」という発想の特徴は、(1)人間は事物と関連することでその性質を変えるという点と、(2)人間の装置に対する内在性を強調している点にある[31][32]。その上で、フーコーは、いくつかの事例を提示することによって、この人間と事物からなる装置が、大きく分けて二つのタイプの効果をもたらす可能性を示している。それが、(1)個別的な人々の行為を導くという効果と、(2)個別的な人々の行為が積み重なることによって生じる人々の生活状態や認識の変化の二つである。

この点について、重農主義者による食糧難への対処方法についての議論を例にとってみてみよう［フーコー 二〇〇七（二〇〇四）：三七‐一〇八］。フーコーによると、一八世紀の重農主義者による食糧難の解決方法には、農民や商人の行為を一定の方向に導くという考えが内包されている。重農主義者は、食糧難を解決するためには豊作の際に穀物価格を高く保つ必要があり、そのために輸出への報奨金の設置や輸入関税の引き上げなど新たな制度を設けるべきだと主張する。

豊作の際に穀物価格が保たれるということは価格暴落によって農民が損をしないということであり、より多くの穀物を生産する農民はより多くの儲けを得られるようになるということである。このため、個々の農民たちはそれまで行うことのなかった耕地の拡大を行うようになる。これは食糧難が起きる可能性を下げることにつながる。同時に、穀物価格を高く保つための制度は、不作の際の穀物価格の暴騰をも防ぐことができる。商人たちは穀物価格の高騰を見込んで売り渋りをすることによってある程度の利益をあげようと考えるだろうが、同時に、国外から穀物が輸入される可能性を考慮に入れることによって、売り時を探すようになる。このため、それまでのように穀物価格の無制限の高騰が起きるのではなく、ある一定の価格で上げ止まるようになる。

ここでは、例えば、未耕作地の存在と輸入関税の引き上げは、例えばモノや人間の移動によって直接的に結びつけられているわけではないし、その必要もない。この二つの要素は、「ひとつの国家の内部に存在する」という一点において関係しているだけである。しかし、何の関係もないように見えるこの二つの要素は、共同で耕地拡大という農民たちの行為を導く効果を発揮することになる。

このように人間と事物からなる装置は、個別的な人々の判断や行為を導いていく。その結果、当該地域で暮らす人々の行為は一定の傾向を持つようになる。この傾向性によって達成される効果が、人々の境遇を改善するという人間と事物からなる装置の持つ集合的な効果である。食糧難への対策の場合、個別的な効果が農民による耕地拡大や商人による売り時の模索であり、多くの人がそれを行うことによる集合的な効果が食糧難の回避や穀物価格の安定である[33]。

強調すべきは、装置という発想においては、ただ同一の地域に存在しているというだけで、直接的な関係がなくても、複数の要素は共同でなにがしかの効果をもたらすと想定されるという点である。このような要素間の関係は、一節で紹介したような構造機能主義的なシステム論における要素間の関係とは大きく異なっている。構造機能主義的なシステム論においては、ある特定のシステムを構成するとされる要素は緊密に結びついて一体的に振舞うとされる。それに対し、装置という発想においては、共同でひとつの効果をもたらす要素の間には、緊密な関係が存在する必要はなく、ただ同一の地域に存在しているだけで充分とされる[34]。

システムとの対比における装置のこの特徴は、本書の対象である装置としての生物医療にも妥当する。一節や三節で述べたように、本書では、システム論のように、〈生物医療的な要素〉の間に緊密な関係が結ばれていることやそれらが一体的に振舞うことを無批判に前提としない。〈生物医療的な要素〉はただ同一の地域に存在するだけで、人々の行為を共同で導くことができるからである。

六　「要素から出発する装置」の複数の効果

システムと装置という発想には、要素の取り扱い方にもうひとつの差異がある。システム論においては、一体的に振舞うとされる要素は、「医療」や芸術、経済といった予見可能な枠の中から選びとられる傾向が強い。それに対して、装置論においては、例えば荒れ地と経済政策のように、領域横断的な要素の共同性が見出されることになる。この点は、ここで序論の最後に導入する概念である「要素から出発する装置」と「効果から出発する装置」の区分と密接に関係している。システム論のように、「医療」や経済、政治といった予め想定されたシステムから出発しないのならば、私達はどのように装置の存在を見出していけばいいのだろうか。

フーコー自身の議論では、装置は主に「効果から出発すること」で見出される傾向が強い。例えば、フーコーが性の装置について議論する際には、性についての態度をひとつの方向に導くのに寄与しているかどうかという観点から、分析の対象として諸々の要素が集められている。あるいは、重農主義の分析に際しては、ひとつの政策的な目的を達成するために、事物の配置や法律の整備が行われている様子に焦点を当てており、言うならば、目的とする効果を達成するために装置がどのように作られていくのかに焦点を当てている［フーコー　二〇〇七（二〇〇四）］。

それに対し、アガンベンが、携帯電話や農業やペンもまた装置であると述べるとき、それが人々の行為や思考をどのような方向に導いていくのかは、必ずしも明確ではない。しかし、それが人間の生活に対して何らかの影響を持っていることについて、疑いをはさむことは難しい。この意味で、アガンベンは、効果から出発してそれを生みだしている装置を見出していくのではなく、要素の側から装置の効果について検討する可能性を示唆している。

これを人類学の議論に引きつけて考えるならば、例えば、私達は個別化（atomization）というひとつの効果から出発して、それに寄与するような要素を見出し、記述と分析を加えることもできる。そのような企図は、「個別化を促進する効果を持つ装置についての民族誌」という形態をとるだろう。それに対し、本書のように、注目する要素をある程度定めた上で、それらからなる装置がどのような効果を発揮しているのかについて分析していくこともできる。その場合は、例えば、「〈生物医療的な要素〉から構成される装置についての民族誌」という形態をとることになる。前者の方法を用いるメリットは、ひとつの効果を共同で生み出している要素に注目することで、研究を始める前には予想できなかった意外な共同性を発見できる点にある。それに対し、後者の企図を採用するメリットは、要素から出発することにより、装置としての生物医療の効果が必ずしもひとつに収束するのではなく、複数の効果を同時に発揮しているという発想を維持できる点にある。

装置としての生物医療を分析の対象に据えると繰り返し述べてきたことからも分かるように、本書は、装置について分析する際の二つの方法のうち、主に後者の方法を採用する。[35] 予めある程度の限定をかけた要素から出発することで、特定の効果に先立って存在する装置としての生物医療を対象化した上で、それがどのような効果を持っているのかを分析していく。

一見すると、この選択は「医療」や経済、政治といったシステムの存在を前提に議論を進めるシステム論への後退を意味するように思えるかもしれない。確かに、装置としての生物医療から出発するということは、システム論が依拠していたのと同じカテゴリーから出発することを意味する。そのため、この選択は、フーコーが発見してきたような、無関係に見える要素間の関係を見出すことを難しくすることに繋がるかもしれない。

しかし同時に、私達は、フーコーのように効果から出発して装置を分析することの弊害にも敏感である必要がある。効果から出発して見出された装置は、当然のことながらひとつの効果しか持ち得ない。そのため、研究の結果として見出された装置と、システムの差異は、見かけよりも小さくなる。つまり、フーコーは確かに、経済や政治といった既成のカテゴリーをシステムとしては扱っていないが、性のあり方を一定の方向に導いていくような新たなシステムを発見しているようにも読み得る。

それに対し本書は、要素から出発するというアガンベンが示唆していた可能性を発展させることで、装置としての生物医療が必ずしも人々をただひとつの方向に導いていくわけではなく、複数の方向に同時に人々を導きうることを明らかにしていく。この点について、具体的な事例に即して議論していこう。

事例四：アコの結核

ジョーの母親であるアコは、気さくな性格で多くの人から慕われている五〇歳（二〇〇八年現在）の女性である。九人の子供を産んだ後に「若い女のところに行った」夫と離婚し、二〇〇五年当時、六人の子供（うち働き手は二人）と二人の孫とともに暮らしていた。このとき、アコはトウモロコシ畑を所有・耕作するとともに、水道の管理や灯油の販売などをして、生計を立てていた。

二〇〇五年辺りから徐々に身体の不調を感じ始めたアコは、農作業を続けることに困難を感じ、二〇〇六年七月にトウモロコシ畑を小作に出すとともに、アクラで生活していた娘からの援助を受けて生鮮食料品店を始めた。当初、八〇セディの元手で始めた商売は、それなりにうまくいっているように見えた。

二〇〇七年六月、アコは盛んに咳をしていた。商品を仕入れるための元手も減少しているようで、商売もうまくいっていないように見えた。働き手でもあった年長の子供も結婚や出稼ぎのためにカデやアクラで暮らすようになっており、二〇〇七年の七月には、アコの元にいるのは、四人の子供（うち働き手は〇人）と一人の孫になっていた。アコは、多くの子供を養うのが大変だとこぼしていた。

二〇〇七年七月一九日、二か月ほど前から咳がひどくなっていたアコは、まずプランカシHCに行き、カデHCに行くように指示された。翌日、カデHCを訪れたアコは、アクォティアにある聖ドミニク病院に行き、胸部レントゲンをとってくるように指示された。アコが後に説明してくれた話によると、このとき、カデHCの看護師はアクォティアまでの交通費を負担してくれたという。しかし、この日は定期市の立つ金曜日であった。どのような経緯でそうなったのかアコは詳しい説明をしてくれなかったが、結果的に彼女はアクォティアには行かない決断をし、もらった交通費を商売の仕入れとして利用した。

写真 0-2　教会に行くために着飾ったアコ。当時の体重は 37kg だった。2007 年 7 月撮影。

二一日、私との普段と変わらない会話の中で、唐突にアコは自分が病気であると言ってきた。アコが咳をしていることを知っていた私は、ヘルスセンターに行かないのかと尋ねた。するとアコは、カデHCに行った際に、アクォティアまでレントゲンをとりにいくように言われたことを告げ、アクォティアまでの交通費をせびってきた（このとき、アコは看護師から交通費をもらっていたことを私に隠していた）。普段から親交のあった私は、アコとともにアクォティアの病院まで行くことを決めた。

七月二三日、アクォティアの聖ドミニク病院についたアコは、レントゲンの撮影に四・六セディというかなり大きな額が必要になることをそこではじめて知った。大の大人が優に四日は食える額である。持ち合わせの無いアコに代わって、交通費以外の費用も負担する覚悟のあった私が払うことにした。法律的には、結核の疑いがあるアコは治療にかかるあらゆる費用が免除されるはずであった。しかし、少なくとも聖ドミニク病院の放射線技師や職員はそう認識していなかった（あるいは、アコの側に私がいたことがそのように振舞わせたのかもしれない）。レントゲン写真を撮ったアコはそれを持ってカデＨＣに向かい、ＧＨＳ（Ghana Health Service）の郡のディレクターを兼任する医師によって結核の診断を受けた。

ここから数年に及ぶ治療生活がはじまるのだが、それについてはまた別の所で述べることにしよう［浜田二〇一五］。今、私達にとって大事なのは、装置としての生物医療が同時に複数の方向に人々を導きうるということである。[36]

アコの病気の推移には、事例一で取りあげたジョーのそれよりも明らかに多くの要素が関わっている。もはや物語は彼女の住んでいる町の中で完結するものではない。彼女の病気に関わっている〈生物医療的な要素〉は多岐にわたる（カデＨＣとその疾病統制ユニットの担当看護師、聖ドミニク病院とその放射線技師と事務職員、胸部レントゲン撮影機、聖ドミニク病院のスポンサーであるドイツのキリスト教系ＮＧＯ、ＧＨＳの郡の最高責任者である医師、結核治療費の免除規定、結核対策プログラムとそれを支援するＮＧＯ etc.）。

これらの〈生物医療的な要素〉は、結核を撲滅するという明確な目的を持って配置されている。小規模のヘルスセンターで結核の疑いがあるとされた患者は、より大規模のヘルスセンターへ紹介され、レントゲン撮影設備を備えた病院へと送られる。それを可能にするのは、結核の疑いのある患者への対応を定めたマニュアルであり、それを適切に実行する人間であり、患者の医療費や交通費を負担するための予算である。

しかし、アコの病気の推移を導くのは、結核対策プロジェクトそのものではない。アコが実際に生きていく際には、そうではない要素（アコの生計や定期市）が彼女の選択を導く重要な要素として加わったり、特定の要素の脱落（聖ドミニク病院における治療費免除の不徹底）が起きたりする。そのため、結核対策プロジェクトという用意周到な装置はあえなく瓦解し、その目的は達成されない危険性を常にはらんでいる。結核対策プロジェクトがどれほど明確な政策的意図に基づいて、多様な要素を結び付けて構成してあったとしても、それはアコの行為をひとつの方向に決定的に導くことはできず、別の方向に導く可能性も持っているのである[37]。

政策立案者の視点から見れば、これは結核対策プロジェクトの持つ「限界」として理解されるであろう。しかし、また別の視点から見るならば、例えば「より大きな病院までの交通費を負担する」という要素の存在が、同時に、その目的とはまったく相いれることの無い「もらった交通費を商売の元手にする」という行為を導いていたともいえる。

本書でこれから展開していく議論にとって、この点は非常に重要である。フーコーの議論は、ひとつの効果を生みだすような要素からなる装置を分析することによって、どこか「決定論」的な色彩を帯びることが多い。あるいは、アガンベンも装置が人々を「有用だとされる方向に向けて」導く［アガンベン 二〇〇六：八九］と述べ、目的論的ともとれる記述を行っている[38]。しかし、アコの事例からも分かるように（また、フーコー自身も理論的な見取り図を説明する際には言及するように）、「装置」は必ずしもひとつの方向に人々を決定的に導いていくわけではない。とりわけ、効果からではなく、要素から出発することで見出される装置としての生物医療は、ひとつの目的に人々を導き得ない。むしろ、本書で明らかにしていくように、装置としての生物医療は複数の方向に人々を導きうる可能性を常に持っているのである。

最後に、装置としての生物医療と現地社会の関係を改めて確認しておこう。

先述のように、個別的な病気の推移を導いているのは、〈生物医療的な要素〉だけではない。アコの病気は、〈生物医療的な要素〉に加えて、アコの生計手段である商売、移動手段としての乗り合いタクシー、カデの定期市、日本から来た人類学者（＝筆者）[39]といった〈非生物医療的な要素〉によってもその推移が導かれている。〈生物医療的な要素〉から形成されるのが装置としての生物医療だとすれば、〈非生物医療的な要素〉と〈生物医療的な要素〉によって形成される装置はこれまで人類学で「現地社会」と呼ばれてきたものに他ならない。

この意味で、〈生物医療的な要素〉と〈非生物医療的な要素〉の間に存在論的な差異を想定しないのと同様に、本書では装置としての生物医療と現地社会の間にも存在論的な差異を想定しない。どちらも同じように、同一の地域にただ同時に存在している要素の分散的な複合である。これまで再三述べてきたように、〈生物医療的な要素〉が現地社会に内在しているということを踏まえるならば、装置としての生物医療とは、それ自体雑多な要素の装置として存在している現地社会の一部分を、カテゴリーとしての〈生物医療〉に注目することによって切り取った、装置の断片だということになる[40]。

七　まとめと本書の構成

以上、本章では装置としての生物医療という発想の骨子を説明することを通して、本書の目的である、医療人類学における生物医療概念を再検討する際の方向性を示してきた。本章を終えるにあたって、これまでの議論を整理するとともに、本書の構成について簡単に触れておこう。

まず、本書のキーワードは次頁の表０‐２のように整理することができる。

表 0-2　本書のキーワード

システムとしての「生物医療」	生物医療行為を支えている要素が緊密に結びついて、他のシステムやサブシステムと相互作用するひとつの領域的な実体となっていると考えられているもの。先行研究でパラダイムとして頻繁に用いられてきた。
〈生物医療的な要素〉	先行研究で、システムとしての「生物医療」を構成するとされてきた要素。生物医学、生物医療従事者、生物医療施設、生物医療教育と資格、保健政策、薬剤や各種機器といったモノ、がこれに含まれる。
装置としての生物医療	〈生物医療的な要素〉の分散的な複合のこと。ただし、それを構成する要素間には関係性のズレや断絶が存在しうる。人々の行為・認識・態度を一定の方向に導く集合的な効果を同時に複数持ちうる。
装置としての現地社会	当該地域に存在するすべての要素からなる分散的な複合。生物医療的な要素と非生物医療的な要素の雑多な集積と想定する。

次に、以上のキーワードを用いて、本書で取り扱うのは以下の問いである。

(1)ガーナ南部の農村部には、どのような〈生物医療的な要素〉がどのような形で存在しているのか。

(2)それらの〈生物医療的な要素〉はどのように互いに関係しているのか。また、断絶やズレをはらみながら構成される装置としての生物医療はどのようなものか。

(3)装置としての生物医療は、どのように人々の病気や医療費に関する行為や態度を方向づけ、導いているのか。

(4)人々の行為は、どのような形で装置としての生物医療や現地社会の一部となって、それらを構築しているのか。

本書ではこれまで、〈生物医療的な要素〉という表記を採用することにより、〈生物医療的〉という形容詞を、システムとしての「生物医療」ではなく、カテゴリーとしての〈生物医療〉に依拠して使用していることを強調してきた。これまでの記述でこの目的は達成されたと考え、以降は読み易さを優先し、「カテゴリーとしての〈生物医療〉に依拠している」ことを示す〈生物医療的な〉という形容詞を使用する際には、〈　〉を付けることなく生物医療的な要素と表記していく。生物医療施設や生物医療従事者や装置としての生物医療については、これまでもあえて〈　〉を付けてこなかったが、ここでも生物医療（的）という言葉は、システムではなくカテゴリーに依拠して用いている。了解いただきたい。

これまで述べてきたような理論的な目論見に加えて、本書の執筆に際しては現代アフリカにおける生物医療のあり方に関する資料的な価値についても強く意識した。それは、ガーナ南部の農村部における（装置としての）生物医療が二つの特徴を備えているからである。すなわち、⑴抗生物質や解熱剤といった薬剤の普及にケミカルセラーというガーナ特有の薬剤商人が中心的な役割を果たしていること、⑵二〇〇四年に導入された国民健康保険が急速かつ大規模に普及していることの二つである。後述するように、この二つは世界的に見ても極めて稀な現象である。

同時に、ケミカルセラーや健康保険は、先行研究ではほとんど対象とされてこなかったが、これから本書全体を通じて明らかにしていくように、ガーナ南部で暮らす人々の生活と極めて密接に関連している。従来の医療人類学の射程に収まらないこれらの要素に注目することは、これまで序論で述べてきたような、⑴生物医療的な要素間の関係の対象化や、⑵生物医療的な要素が現地社会の内部から人々の生活を構築していく様を記述していくためには必須の条件であり、また、それらの要素はこの目的を達成するため最適な材料を提供するものである。

なお、本書は以下の章立てで議論を進めていく。

まず、一章「**プランカシの概要**」では、ガーナの歴史的・政治経済的背景と調査地であるプランカシ周辺について概括的な説明を行う。

次に、二章「**薬剤の流通をめぐるポリティクス**」では、薬剤の普及がどのように可能になっているのかという観点から、当該地域の装置としての生物医療のあり方について記述する。ガーナ南部の薬剤の流通状況は、欧米や日本のように生物医学と薬剤が緊密に結びついて流通している状況ともこれまでアフリカで一般的とされてきた無秩序な流通とも一線を画している。当該地域における薬剤の流通のもっとも顕著な特徴は、ケミカルセラーというガーナ特有の薬屋の存在である。生物医療的な要素の特性がそれ単体としてではなく、要素間の関係にも依存しているとするならば、あるひとつの薬剤の流通状況の下では、薬剤だけではなく、生物医療従事者や生物医学もその状況に相応する特性を持つことになる。ガーナ南部の場合は、それが生物医療従事者による薬剤の独占の失敗であり、薬剤の生物医学からの部分的な離脱である。

続く、三章「**行為とモノからなる装置と医療に関する知識**」では、当該地域で薬剤がどのように使用されているのかに注目することにより、装置としての生物医療がどのように人々の認識や態度を方向づけているのかを明らかにする。西アフリカを対象とする医療人類学にはマリー・ラストが八〇年代初頭に提起したひとつのアポリアがある。それは、複数の「医療」が混在する中で流動的になっている当該地域の医療に関する知識について、人類学者はどのように記述できるのかという問いである。ラストの提起から三〇年の月日が経った今日においても、このアポリアは充分に解決されているとは言い難い。むしろ、多くの人類学者はシステムとしての「生物医療」という枠組みに拘り、「生物医療」と現地社会のハイブリッドを発見することに満足することで、解決の可能性を放棄してきたともいえる。この問題点を乗り越えるために、当該地域で一般的な生物医療的な要素である葉酸や抗生物質、抗マラリア薬がどのような言葉と結び付けて使用されているのかに注目することで、特定の単語の意味の複数性が生物医療的な要素との関係でどのように形成されているのかを提示するのが三章の目的である。

四章「**医療費を支払う二つの方法**」では、国民健康保険という新しい生物医療的な要素の導入が、当該地域の装置としての生物医療をどのように組み換えていったのかを記述する。その上で、国民健康保険の導入という新しい医療費を支払う方法の導入に人々が対応していく様に注目することにより、それが医療費負担における相互扶助のあり方をどのように変容させたのかを明らかにしていく。保険を対象とする社会学・人類学においては、保険は責任を個別化させると同時に、同じ保険に加入している匿名的な集団の成員間に独特の連帯を作り出すものとされてきた。つまり、保険の導入は、対面的な相互扶助の存在意義を切り崩すと考えられてきた。しかし、ガーナ南部の健康保険については、このことは必ずしも妥当しない。むしろ、健康保険制度の細則と人々の生活のあり方の中で、人々は新しい形態の対面的な相互扶助を編みだしている。

結論「**装置としての生物医療による複数の社会性の構築**」では、それまでの議論を振り返りながら、当該地域における装置としての生物医療がどのような経路を通じてどのように人々の生活や認識を構築しているのかをまとめた上で、生物医療的な要素が内側から社会性を編成している可能性を示唆し、結論とする。

これらの作業を通じて、システムとしての「生物医療」という発想では取り扱うことのできない、当該地域における生物医療的な要素間の関係の動態とそれらの要素から構成される装置による現地社会の構築過程を明らかにすることが、本書の目的である。

註

（1）医療人類学においては、このような構造機能主義的な発想の基礎を提供したのは、デュルケームやラドクリフ＝ブラウンというよりは、パーソンズである。ただし、パーソンズのシステム論に関しては、その動態性を再評価すべきだという議論もある［高城 二〇〇二］。

（2）議論を少し先取りするならば、本書では、カテゴリーとしての〈生物医療〉を出発点として、システムとしての「生物医療」という発想を乗り越えようと試みていく。ここで行ったやや煩雑な呼び分けは、この企図を達成するためのものである。

（3）医療人類学では、本書で生物医療や〈生物医療〉、「生物医療」と呼ぶ行為やカテゴリー、システムの呼称をめぐる議論が長い間なされてきた。英語圏の研究者が主として生物医療（biomedicine）という言葉を用いるのに対し、日本の研究者は近代医療という言葉を好む傾向がある。この傾向に大きな影響を与えているのが佐藤［一九九五］による近代医療と生物医学の定式化であるが、この定式化はいくつかの問題をはらんでいる。

ハーンとクラインマンは、生物医療という概念が普及し始めた一九八〇年代初頭にそれを使用することを擁護している。二人は、生物医療を「欧米社会で支配的な医療理論と医療実践であり、広く世界中に普及している医療」と定義した上で、生物医療という言葉の必要性を示すために、それまでに使用されてきた西洋医療、コスモポリタン医療、近代医療、科学的医療という用語の問題点を指摘している。西洋医療はもはや西洋にのみ存在しているわけではないが、カトリシズムと結びついた「コスモポリタン」という用語は不適切である。また、生物医療のみを「近代的」とすることはできないし、生物医療のみが「科学的」な医療であるという主張もふさわしくない。非西洋の民族医療も「科学的」なアプローチをとっているし、生物医療も呪術的・非合理的な要素を持っているからである。このようにこれまで使用してきた用語の問題点を指摘した上で、そこで言及されてきた医療が何よりも生理学や病態生理学に焦点を当てるという点に注目し、生物医療という概念の使用を正当化している［Hahn and Kleinman 1983］。

それに対し、佐藤は医療社会学の教科書的な意味合いを持つ論集の巻頭論文において、近代医療という概念を主に使用し、生物医療という言葉を一度も使っていない。近代医療と生物医療の関係という観点から、この論文の論理構造を整理すると以下の四点に要約できる。(1)近代医療は、「近代社会において、国家により制度的に規定された構造・関係の中で、近代科学の方法論に基づき行われる治療」［佐藤 一九九五：二］と定義できる。(2)すべての医療は、「病気を認知し、原因を同定・追究し、対処方法を提示する理論体系」［佐藤 一九九五：六］であるところの医学に基づいている。(3)近代医療が基づいている医学を近代医学と呼ぶ。(4)近代医学の「中心部分」で支配的に共有されている方法論が生物医学である［佐藤 一九九五］。

佐藤自身は生物医療という概念を使用していないものの、この論理に従うならば(5)生物医学に基づいている医療を生物医療と呼ぶ、という結論が導かれることになる。そのため、制度的医療や科学的医療と多くの部分を共有しながらも完全に重なり合うわけではない近代医療に対し、生物医療は近代医療の「中心部分」にあり、近代医療の非科学的な部分を削ぎ落としたより科学的な医療として想定されることになる。

ハーン達と佐藤の間には生物医療という言葉をめぐる明確な差異がある。佐藤論文では、ハーンとクラインマンが擁護した生物医療に相応する概念は近代医療であり、佐藤の言う生物医学は近代医学の中心部分にあるより限定された領域である。このような両者の用語の差異は、biomedicine の〝medicine〟をハーンとクラインマンが（システムとしての）「医療」という意味で使用しているのに対し、佐藤は一貫して「医学」という意味で使用しているという点に集約できる。

本書では、生物医療という言葉を佐藤の議論に基づくものとしてではなく、ハーンとクラインマンの想定するものとして使用していく。つまり、生物医療を近代医療の一部と見なすのではなく、日本の人類学・社会学の先行研究で近代医療として言及されてきた医療とほぼ重なるものとして扱う。その理由は、三つある。まず、佐藤が生物医療を近代医療の中核に位置するより科学的な医療と想定した背景には近代医療の全てが科学的ではないという問題意識があることが示唆されているが、この問題意識はすでにハーンとクラインマンが生物医療という概念の使用を擁護した際には指摘されていた。次に、佐藤は、同じ論文の中で近代医療は「近代科学の方法論に基づ」いているとも述べている。そのため、生物医療を近代医療の中のより科学的な部分として切り出すという試みの有効性は大幅に弱められており、彼の定義するところの近代医療と生物医療の差異を厳格に示すことには失敗している。最後に、これが最も重大な問題点なのだが、佐藤は近代医療の何がどのように「近代的」であるのかについてまったく議論していない。そのため、近代医療という概念と人類学一般における近代概念の間には看過できない齟齬が生じている。

この最後の問題点をもっとも端的に表しているのが、池田と奥野による「複数の近代医療」というリサーチプログラムの提唱である［池田と奥野 二〇〇六］。この「複数の近代医療」という言葉は「複数の近代」に関する議論［e.g. Comaroff and Comaroff 1999; 近藤 二〇〇七：石井 二〇〇七］との類縁性を想起させるが、前者がどこまでいっても生物医療のみを指し示すのに対し、後者の議論ではもっぱらオカルト的な実践の中に近代性を見出そうとする。そのため、同じ近代という言葉を使用しながら、一方では近代ではないものとされる呪医の実践が他方では近代の一部とされることになる。近代（医療）と伝統（医療）という二項対立を避けることが、生物医療という概念が鍛造された背景のひとつだったこと［Lock and Nichter 2002］を考えれば、この近代をめぐる齟齬は決して瑣末なものでない。

もちろん、「複数の近代」を想定することが近代という言葉の唯一正しい使い方でもなければ、近代という言葉を使う際には常に「複数の近代」論での使用法を意識する必要があるわけでもない［Ferguson 2006: 1-23］。しかし、無用な混乱を避けるためには、近代という言葉の意味を限定することなしに近代医療という言葉を使用することは避けるべきだろう。

（4）「生物医療」がすべての「医療」の原型であることが暗黙の前提とされてきたことについては奥野［二〇〇六：五三－一〇二］を参照せよ。

（5）例えば、以下の文献を参照せよ［Hahn and Klienman 1983; 佐藤 一九九五：Lock and Nichter 2002：Gaines and Davis-Floyd 2004; フリードソン 一九九二（一九七〇）：グッド 二〇〇一（一九九三）：黒田 一九九五：美馬 一九九五、二〇〇七：Lock 2004］。

（6）例えば、呪医、骨つぎ、薬草師、霊媒といった人々によって担われている「医療」を「民俗医療」と呼ぶ。これらは、生物医学理論に基づいているわけではないが、「生物医療」と比類できるような「医療」としての地位を与えられるべきであるという主張が、この言葉には含意されている。

（7）このような記述は、例えば以下の文献の中に見られる［イリッチ 一九九八（一九七六）：Ferguson 1988; Nichter and Vuckovic 1994: 1509-1510：池田 二〇〇一：一〇二－一〇三］。

（8）この点については、以下の文献を参照せよ［Logan 1973; Bledsoe and Goubaud 1988; Etkin 1994; 浜田 二〇〇六］。また、この種の議論の問題点は三章で詳述する。

（9）ここで〈生物医療的〉という形で、生物医療を形容詞化して用いているのは、〈生物医療〉というカテゴリーを出発点とするという意味であって、「〈生物医療的な要素〉は、生物医療『的』であるが、同時に民俗医療『的』でもある」という意味での曖昧化ではない。

（10）「生物医療」をひとつのシステムとしてではなく、内部に矛盾や葛藤を抱えうるものとして描いた画期的な民族誌としては、モルの著作がある［Mol 2002］。

（11）例えば、以下の文献を参照せよ［イリッチ 一九九八（一九七六）：アガンベン 二〇〇三（一九九五）：Strathern 1999：マーチン 一九九六（一九九四）］。

（12）本書では、フィールドワークの過程で行われた人々とのやり取りに基づき、地名は実名を、人名は匿名を用いている。ただし、後に登場する小王や著名な治療師などについては、本名を用いている場合もある。

（13）病院に準じる施設であるヘルスセンターは、主に農村部に住む人々に利用されている。規模は様々だが、一見すると病院と大差ないほどに、大きいものもある。

（14）人々は注射と点滴をともに「針（パニエ *pane*）」と呼び、基本的に区別しない。この時も「二本のパニエを打った」と言われていたが、ここでは読者に分かりやすい形で状況を描写することを優先した。

（15）ガーナでは、二〇〇七年七月から一二月にかけて行われたデノミに伴い通貨単位が変化している。これは、従来の一万セディ（cedi）を一ガーナセディ（Gh cedi）とし、一〇〇セディを一ペソワ（pesowa）とするものである。本書では無用な混乱を避けるため、デノミ以後の通貨単位を一貫して用いていくが、記述を簡便にするため正確には「ガーナセディ」と記すべきところを「セディ」と記していく。なお、二〇〇七年当時の通貨レートは概ね一US$＝〇・九～一セディである。

（16）メディカル・アシスタントは、看護師が更に三年の教育を受けた後に得る資格で、医師に準ずる立場である。

（17）ガーナの国民健康保険については四章で詳述する。

（18）疾病についてはこれまでに多くのことが議論されてきている［e.g. グッド 二〇〇一（一九九三）：クラインマン 一九九六

〔一九八八〕）ので詳細は割愛するが、本書では、疾病を「身体に存在する物理的実体として、かつ、生物学的に普遍的なものとして、捉えられた病気」と定義する。なお、「疾病／病い」という二項対立図式を乗り越えようとする野心的な試み［Mol 2002: 1-27］もあるが、本書は必ずしもモルのこの試みには与していないことも付言しておく［本書三章］。

(19) あるいは、浜本［二〇〇七：六六－七］の表現を借りて、人々は〈生物医療的な要素〉の存在を「当て」にしている、と言ってもいいかもしれない。

(20) このように書くと、「確かに、ヘルスセンターに行った後のジョーの病気は〈生物医療的な要素〉と関係しているだろうが、それ以前には〈生物医療的な要素〉と無関係だったのではないか」という疑問を持たれる方もあるかも知れない。しかし、もしジョーの病気が、ヘルスセンターとまったくの無関係ならば、ジョーやアコは、ヘルスセンターに行こうとは考えなかったはずである。彼らが、ヘルスセンターに行ったという事実は、彼の痛みが「ヘルスセンターで治療しうるもの」という形で認識されていたこと、つまり、病気の経験や認識にすでに〈生物医療的な要素〉の存在が含みこまれていたことを意味している。

(21) このようにジョーの病気は、教育、経済、家族に関わる事柄とも関連している。システムとしての「生物医療」という発想に基づくならば、この事例を用いて、「『医療』というひとつの領域は独立して存在するのではなく、教育や経済、家族といった他のシステムと相互に関連している」と説明することも可能だろう。しかし、本書では、そのような大雑把な主張を超えて、個々の病気や〈生物医療的な要素〉がどのような関連性の中に存在しているのかを明らかにしていく。つまり、「医療」と経済といったシステム間の相互作用に着目するのではなく、あくまでも個々の要素間の関係や相互作用に注目していく。

(22) 近年の人類学では、「存在論的展開」と呼ばれる潮流が注目を集めているが［e.g. 春日（編）二〇一一］、ここではそれらの議論とは無関係に、より古典的な意味で存在論という言葉を用いている。

(23) 特定の領域が行為によってその都度区切り出されるという発想については、ストラサーン［Strathern 1996, 1999: 117-135］や深田［二〇〇九］の論稿を参照せよ。

(24) ケミカルセラーはガーナ特有の資格化された薬屋である。詳細は、二章を参照せよ。

(25) 繰り返しになるが、ここで本書が依拠していると言っているのは、〈生物医療〉の切り取り方、つまり、カテゴリーとしての〈生物医療〉であり、システムとしての「生物医療」ではない。

(26) アスオムは、クワエビリム郡北部にある都市である。チュマシ（Twumasi）牧師と呪医のナナ・ニャミケ（Nyamike）が住んでおり、これから述べる「魂の病気」を治療するために郡内から人々が集まってくる拠点となっている。アフリカン・フェイス・タバナクル教会は、いわゆるアフリカ独立系教会のひとつで、アクラ－クマシ道路の中間付近にあるエニネム（Anyinam）

に本部を置いている。その後、二〇一一年にチュマシ牧師は独立し、フェイス・イン・ゴッド・ヒーリング教会を設立している。

(27) この点については、田原の著作［二〇〇七］に詳しい。

(28) アクォティアはガーナ有数のダイヤモンド鉱山があったことで有名なプランカシ近郊の都市である。また、聖ドミニク病院は地域の中心的な医療施設となっている［本書一章］。

(29) ただし、「魂の病気と病院の病気はひとつだ」という語り口によって、両者の区分を無効化する者もある。

(30) アガンベンは、フーコーのいう装置が諸々の要素の間に定まる網目［アガンベン 二〇〇六：八五］だと述べながらも、別のところでは携帯電話そのものが装置であるかのような表現を使用している。つまり、装置という言葉の対象が、網目なのか要素なのかを明確にしていない。筆者はこの曖昧さを不満に思い、装置という言葉を使用せずに、要素と布置（＝網目）の二つに分けて議論を組み立てたことがある［浜田 二〇一二a、二〇一二b］。しかし、このような新たな区分の設定は、要素と網目の相互依存的な性格をかえって捨象することにつながってしまったように思う。このような反省を踏まえ、本論では、フランス語の dispositif を一貫して「装置」と訳して使用していく。

(31) フーコーの考える「人間と事物からなる装置」がどのようなものかについては、有名な「統治術」についての講義が前後の文脈も含めて日本語でも読めるようになっているため、それほど詳細な紹介は必要ないだろう［フーコー 二〇〇七（二〇〇四）、二〇〇八（二〇〇四）］。フーコーは、一六世紀から徐々に表れてくる「統治術」という発想について、マキャヴェリの『君主論』に通底する発想との差異を示しながら説明している。『君主論』では、君主は自らの領国に対して外在的に存在しており、ただ一人の君主が排他的に権力を行使する対象は領国とそこに住む人々であり、君主の目的は領地を支配下に置くことそのものである。それに対し、「統治術」という発想において、統治の対象とされていたのは「人間と事物とからなる一種の複合体」であり、「富や資源や食糧といった事物と関係・結び付き・絡み合いをもつかぎりでの人間である」［フーコー 二〇〇七（二〇〇四）：一一九－一二〇］。ここでは、君主は他の統治の実践者である家長や教師とともに、統治の対象である人間と事物からなる装置の一部を構成する要素となっている。統治の目的は『君主論』が想定しているように人間と事物の装置を自分の支配下に置くことではなく、対象となる人々の境遇を改善することにある［フーコー 二〇〇七（二〇〇四）：金森 二〇一〇：アガンベン 二〇一〇：重田 二〇一一：浜田 二〇一五］。

(32) 〈内在的な要素によって全体が構築されること〉は、この時期のフーコーの主題のひとつである。「統治性」の議論では君主が領土に内在する要素であることが強調されており、一九七九年の連続講義［フーコー 二〇〇八（二〇〇四）］では、経済が国家を内部から構築する動きのひとつであることが指摘されている。二節で強調した〈生物医療的な要素〉の現地社会に対する内在性もこの議論の延長線上にある。

(33) この事例では、装置は最終的にはこの集合的な効果をもたらすことを念頭に配置されている。この意味で、集合的な効果が個別的な効果の累積によってもたらされるのと同時に、装置の個別的な効果にはすでに集合的な効果の想定が織り込まれている。両者の関係は双方向的であり、一方向的ではない。フーコーの装置という発想を、ストラサーンが問題にしていた一と多の相互包含的な関係［Strathern 2004］に通じるものと考えても的外れではないだろう。

(34) 装置を「網目」として捉えるアガンベン［二〇〇六：八五］は、諸要素が必ずしも互いに結びついていなくても共同で効果を発揮しるという点を見落としていたように思える。装置は、ネットワークよりはデータベースに近い性質を持っている。もちろん、論理的には、すべての要素は何らかの形で結び付けられていると考えることもできるが、ここでは、すべての結びつきをわざわざ問題にしなくてもいいという点を装置論の可能性として肯定的に評価しておく。

(35) もっとも、効果から出発することと要素から出発することは、必ずしも相互に排他的ではない。本書でも、個別的な病気の推移の分析に際しては、効果から出発して要素に向かう分析手法を用いている。

(36) ここで紹介したアコの病気と二節で示したジョーの病気の推移を比較することによってわかるもうひとつのことは、個別的な病気に関わるのは装置としての生物医療の一部だということである。

　ジョーが病気になったときにも、カデやアクォティアにヘルスセンターや病院はあったし、結核治療費の免除規定も存在していた。しかし、それらはジョーの病気には関わっていない。同様に、アコの病気の際にもプランカシＨＣに注射や点滴は存在していたが、それらはアコの病気には関わっていない。つまり、装置としての生物医療は病気という個別的な事象に先立って存在しており、その推移に関わるのは常に装置としての生物医療の一部でしかない。

　もちろん、ジョーの病気がアコの病気と関連している以上、ジョーの病気の推移にはアコの病気に関わっていたすべての要素がより間接的な形で関連している。しかし、連鎖を無限に広げていくことは必ずしも生産的ではない。そのため、本書を通じて言えることだが、事例を提示する際にはある程度の限定と単純化を行っている。

(37) フーコー自身もこの点については明示的に議論している。フーコーによると、重農主義者の食糧難への対処方法とそれまでの対処方法の決定的な差異は、〈禁止と強制を課すこと〉と〈放任すること〉の差異である。つまり、重農主義者の企図は、放任された人々は経済合理的な判断を行うだろうという想定のもとに、人々の行為が望ましい傾向性を持つように事物と人間を配置していくという企図である［フーコー　二〇〇七（二〇〇四）：三七‐六七］。そのため、必ずしもすべての人が同じように行為するわけではなく、そこには一定の振れ幅が存在している。それは、ひとつには人々は必ずしも経済合理的な判断に基づいて行為しないからであり［浜本　二〇〇八、二〇〇九：Gell 1988］、もうひとつには雑多な要素の集積である装置は、用意周到にひとつの目的を達成するようには配置され得ないからである［浜田　二〇一五］。

ただし、自由放任政策が全面的に主張されるようになったのは一八二〇年代以降であり、重農主義者においては自由放任という発想は萌芽状態に留まっていたという議論［ポラニー 二〇〇九（一九四四）：二四五―二九四］もある。

（38）このことは、アガンベンが『王国と栄光』において、古代ローマにおいてオイコノミア（＝装置）が神の単一性と三位一体の関係を確立するための重要な鍵になっていたと指摘していることと無関係ではないだろう［アガンベン 二〇一〇（二〇〇九）］。この着想に基づくならば、効果から出発する装置の分析は、常に神学における一（神／効果）と三（装置／要素）の関係の反復として現れることになる。それに対し、本書では要素から分析を始めることで、〈一と三の関係〉ではなく、例えば〈二と七の関係〉を明らかにしようとするものである。この試みは、将来的には〈三と十の関係〉や〈五と二の関係〉を探求するための足場になるかもしれない。この意味で、蛮勇を持って大胆に主張するならば、本書の試みは、要素を効果への従属から救い出そうとする試みであり、キリスト教神学の内側にあったフーコーの試みを多神教的な発想へと解放しようとするものである。

（39）人類学者である私がそこにいたことはかなり特殊な例外のように思えるかもしれないが、アフリカの医療現場においては白人の存在はそれほど珍しいものではない［e.g. Whyte et al. 2006］

（40）この点についてここで議論を深める余裕はないが、本書で「現地社会」と呼んでいるものをフーコーに倣って「環境milieu」と呼ぶこともできる［浜田 二〇一五］

一章　プランカシの概要

本章では、本書の主たる調査地の概要について述べていく。一節ではガーナ共和国とその疾病構造について、二節ではガーナ国内におけるプランカシの位置づけについて、三節ではプランカシで暮らす人々の外部理解について、四節ではプランカシ周辺の医療施設の分布について、それぞれ記述していく。

一　ガーナ共和国とその疾病構造

ガーナ共和国は西アフリカの国である。南方にギニア湾を臨み、北にブルキナファソ、東にトーゴ、西にコートジボアールと国境を接している。一九五七年にイギリスから独立を果たしており、国土面積は二三万九四六〇平方キロメートル（日本の約六二％）、二〇一〇年時点での推計人口は約二四六六万人（日本の約一九・三％）［GOG 2012a］である。

公立の病院とヘルスセンターを統括するＧＨＳ（Ghana Health Service）の報告書によると、二〇〇四年時点での平均寿命は五八歳、乳児死亡率（一歳以下死亡率）は六・四％、乳幼児死亡率（五歳以下死亡率）一一・一％である［GOG

2005b]。また、二〇〇四年に公立の病院とヘルスセンターを利用した外来患者の四三・七％（三七九万九一五八人）がマラリア患者であり、以下、患者数の多い順に、急性呼吸器感染（六・六九％）、皮膚病と潰瘍（四・〇五％）、下痢（四・〇五％）、婦人病（三・六二％）、高血圧（二・八七％）と続く［GOG 2005a］。医療施設における死因の上位には、マラリア（一七・一％）、貧血（九・六％）、肺炎（七・二％）、脳血管障害（五・六％）、腸チフス（三・五％）といった疾病が並んでいる［GOG 2005b］。それらと比べれば患者数は少ないものの、ＨＩＶ／ＡＩＤＳや結核、ギニアワーム、トラコーマといった感染症のコントロールは大きな課題とされている［GOG 2007a］。これらのデータから、現在のガーナでは⑴感染症が大きな脅威となっていること、⑵乳幼児死亡率は依然として高いことが分かる。

二〇〇八年時点での医師数は一八八〇人（医師一人当たりの人口は一万三〇七四人：日本の約二八倍）、看護師数は二万一八六一人（看護師一人当たりの人口は一一〇九人：日本の約七・五倍）となっている。また、ガーナ全体で病院とヘルスセンター・診療所は一九九七施設（内、私立は五〇一施設）存在している。病院とヘルスセンターの州毎の分布にはばらつきがあるものの、必ずしも人口密度の高い南部に集中しているわけではない(1)［GOG 2009］。

二　クワエビビリム郡とプランカシ

本書の主たる対象地域である町としてのプランカシは、ガーナ共和国南部の農村部に位置している。首都アクラから直線距離で北西に約七〇㎞の場所にあり、道路の状況にもよるが、アクラからはミニバスを乗り継いで約三時間半、郡庁のあるカデからは三〇分程度の道のりである（図1-1、1-2参照）。行政区域としては、イースタン州（Eastern region）クワエビビリム郡（Kwaebibirime district）プランカシ副郡（Pramkese sub-district）プランカシ・エリアに属している。プランカシ周辺は、ガーナ南部に存在する比較的大きな伝統的王国であるアチム・アブアクワ

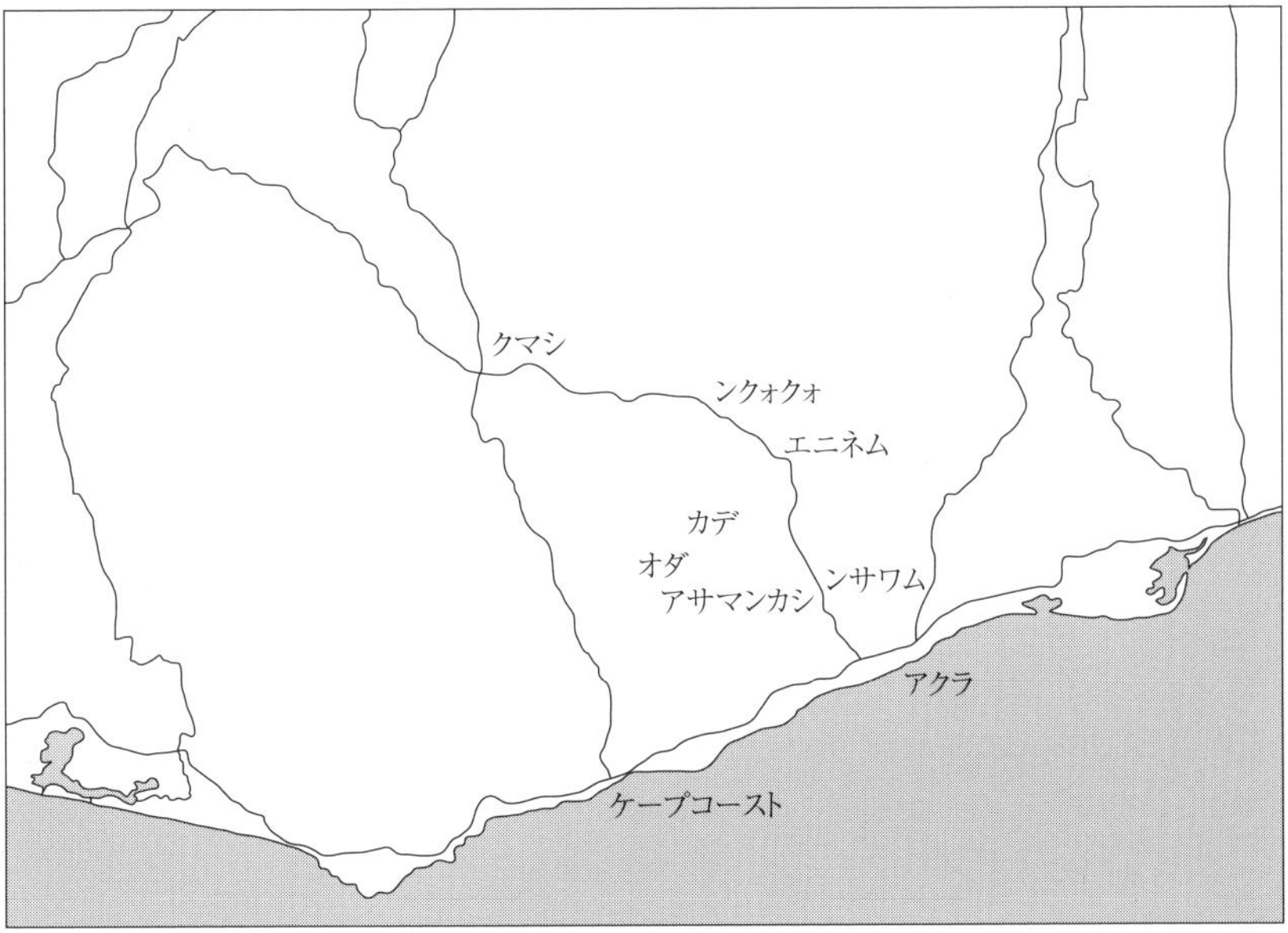

図1–1　ガーナ南部中域図（D-maps.comを元に筆者作成）

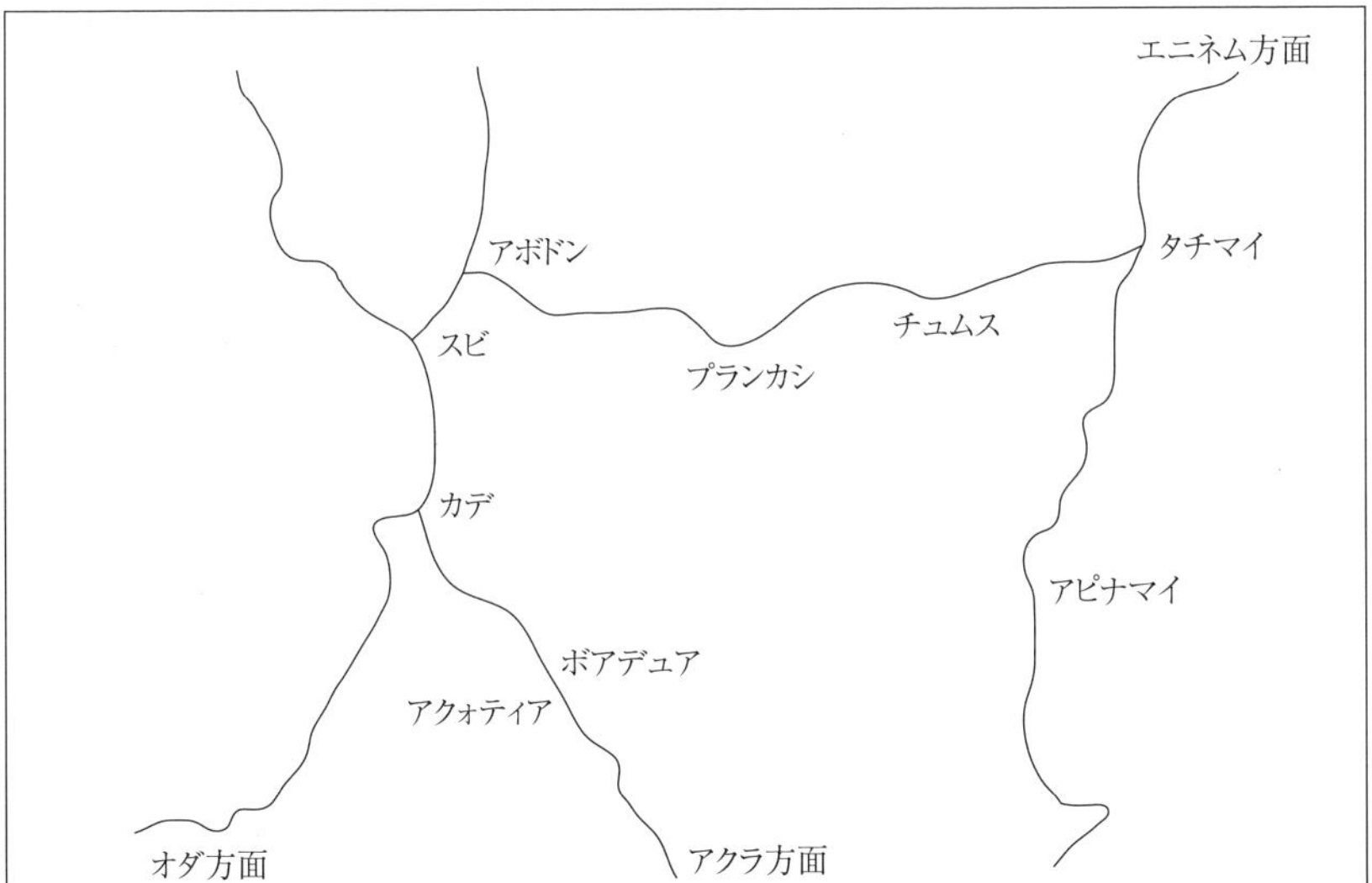

図1–2　プランカシ周辺図（Google mapをもとに筆者作成）

王国[2]（Akyem Abuakwa）に属し、アサンテ王国（Asante）、アチム・コトク王国（Akyem Kotoku）との国境地帯に位置している。プランカシ副郡は、クワエビビリム郡に六つある副郡のひとつであり、プランカシ・エリアとタチマイ（Takyiman）エリアの二つのエリアから構成される。

プランカシ副郡やプランカシ・エリアの名前の由来にもなっているプランカシ町は一・五㎞四方の範囲に収まる程度の小さな町ではあるが、プランカシの玄関口であるステーション（ミニバスと乗り合いタクシーの発着所）のある町の中心部には無数の住居が密集している（図1-3参照）。二〇〇〇年に行われたセンサスに基づいて二〇〇五年にGHSが行った推計によると、二〇〇四年時点でのプランカシ副郡の全人口は二万四六三〇人［GOG 2005c］、プランカシ・エリアの全人口は一万七八三三人となっている。また、二〇〇〇年に行われたセンサスではプランカシ町の人口は四四三四人とされ［GOG 2005d］、二〇一〇年のセンサスに基づいてGHSが行った推計によると、二〇一三年時点のプランカシ町の人口は五三三七人となっている。[3] これらの数字から、調査期間を通じてプランカシ町の人口は増大してきたことが分かる。二〇一〇年のセンサスで、クワエビビリム郡全体では一四歳以下の人口が三九・四％、六五歳以上の人口が二・二％とされていたこと［GOG 2012b］を考えると、農村部に位置し、持続的に働き手が都市部へ流出して行っているプランカシの一八歳以上の働き手は多く見積もっても二〇〇〇～二五〇〇人と推計できる。

町では、アチムやアサンテの人々が母語とするアカン語方言のひとつであるチュイ語（Twi）が「共通語」になっている。[4] プランカシで暮らす人々の多くはアチムの人々であるが、主としてガーナ南部の各地から移住してきたエヴェ（Ewe）、クロボ（Krobo）、アサンテ、ファンティ（Fanti）の人々も暮らしている。

プランカシの地主層であるアチムの人々は、一六世紀から一七世紀にかけて、クマシ[5]（Kumasi）南方にある現在のクサ丘陵（Kusa hills）付近に居住していたアダンシ（Adanse）系の人々がグアン（Guan）系の人々を征服しなが

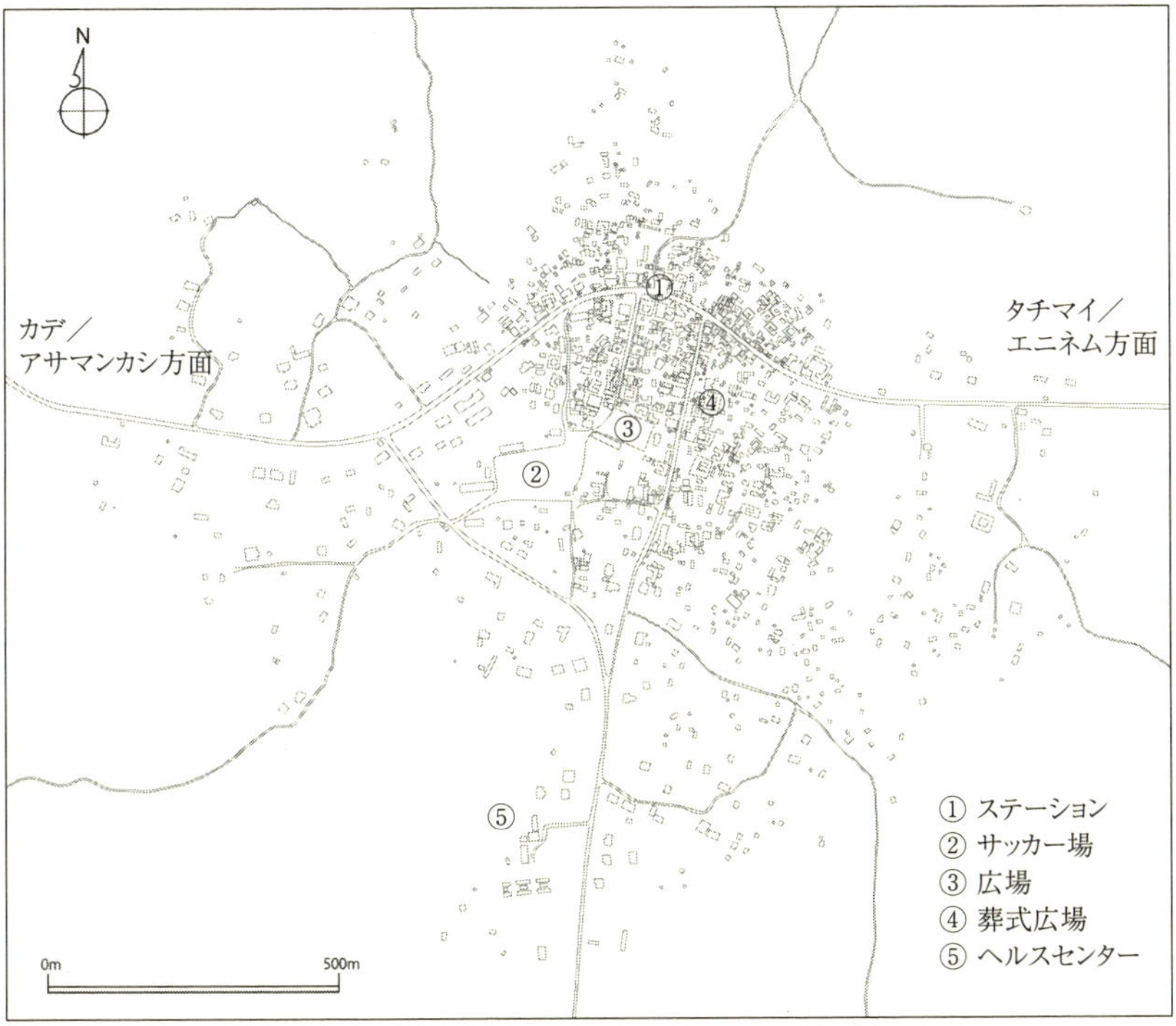

図 1-3　プランカシ俯瞰図（衛星写真を元に作成）

ら移住してきたとされる［Affrifar 2000］。アチムの人々はアチム・アブアクワ、アチム・コトク、アチム・ボソミ（Akyem Bosome）の三つの王国を築いたが、中でも最大の版図を持っているのがプランカシの属しているアチム・アブアクワ王国である。アチム・アブアクワ王国には、首都チビ（Kyebi）に居住する王であるオチンヘン（Okyenhen）のもとにオヘン（Ohene）と呼ばれる小王が多数存在し、それぞれが特定の地域を治めている。プランカシも小王を頂くひとつの国（Oman）とされる。

プランカシの王族に伝わる伝承によると、プランカシは一五六五年にオダ（Oda）近郊のムロナム（Muronam）から移住した初代ナナ・ボアベデュロによって作られ、その後、二〇一〇年七月二六日に即位したナナ・オディシエ・フレンポン二世まで二二人のオヘンによって統治されてきた。有事の際には、プランカシは、ボアデゥヤ（Bawdua）やスビ（Subi）などの人々とともに、エチュレス（Etwereso）王の指揮のもと、オチンヘンの左翼に従軍することになっている［Danquah 1928］。

アチムには、アサンテやファンティといった他のアカン系の人々と共通の名前を持つ母系外婚集団アブスヤ（*abusua*）が存在するが、日常生活においてより重要なのは同じアブスヤという言葉で指し示される拡大家族の方である。[6] また、一般に、ガーナ南部においては、夫婦間の連帯よりも兄弟姉妹間の連帯が強いとされる［Oppong 2006］。

プランカシの人々によると、ガーナにはキリスト教、イスラム教、伝統宗教の三つの宗教がある。[7] 人々の大多数はキリスト教徒で、プランカシには少なくとも一九の教会が存在している。同時に、クロボを中心にムスリムも一定程度存在している。その一方で、伝統宗教を信仰していると公言している人を筆者は見たことがない。[8]

写真 1-1　乾燥させたカカオの袋詰め。カカオの生産はプランカシの主要な産業のひとつである。2005 年 11 月撮影。

プランカシ周辺の主要産品は、カカオ、オレンジ、アブラヤシ、木材、トウモロコシ、ボーキサイトであるが、プランティンやキャッサバ、ヤムイモ、バナナ、さとうきび、ココヤムの若葉、[9] 落花生、唐辛子、米、オクラ、トマトといった町の周辺で採れる農作物は自家的に消費されるほか、町の中やカデの市で販売される。同時に、町の至る所で放牧されている鶏、ヤギ、羊の他、周辺の畑で採れるアフリカマイマイや野ネズミ（*akarantɛɛ*）は貴重な蛋白源となっている。

プランカシ周辺でも一九五〇年代から六〇年代にかけて金やダイヤモンドが産出されていたようだが、現在では目立った産業とは言い難い。それに対して、男性は木材の切り出しや運搬を、女性はアブラヤシから食用油の精製を生業とする者が増えている。その他、教師や看護師、警察官といった公務員や各種商店、タクシーの運転手や美容師、仕立屋といったサービス業に従事する者も一定数存在している。また、アクラや海外へ出稼ぎに出ている人からの送金は無視することのできない重要な収入源となっている。換金作物や鉱物のとれるこの地域は、ガーナの中では比較的裕福な部類に属する。

先にプランカシは農村部に位置すると書いたが、プランカシには「都市的」なサービスも普及してきている。一九九九年には電気が引かれ、二〇〇六年から二〇〇七年にかけては小規模水道の再建工事がドイツとイギリスのNGOの支援を受けて行われている。二〇〇八年にはEUの支援を受けて道路の補修工事も実施され、二〇一〇年には町の目抜き通りが舗装されている。更に、携帯電話会社MTNの電波塔が二〇〇八年三月に建設されたことにより、町の中のすべての場所で携帯電話の使用が可能になっている。自室のテレビでフィルムと呼ばれるガーナやナイジェリアで制作されたビデオCDやハリウッドのDVDを見ることが娯楽としてすっかり定着している他、パソコンを持つ者も増えている。二〇一二年頃からはマルチTVという無料で視聴できる衛星放送サービスが普及し始め、チャンネル数が格段に増加した。とはいえ、依然としてラジオも娯楽として根強い人気を誇っている[10]。

写真1-2　水道塔の上から撮ったプランカシの街並み。トタンの屋根と竹の上に結ばれたテレビアンテナが目立つ。2007年7月撮影。

三　プランカシで暮らす人々の外部理解

プランカシで暮らす人々にとって、プランカシの外部は驚くほど身近な存在である。毎日一〇人以上の子供たちが、日毎に二食分ほどの交通費を払ってカデにある私立の小中学校に通っている。カデに市の立つ火曜日と金曜日には、農産物や炭を売りに行く人や、魚やトマトを中心とする食料品を仕入れに行く人が多数見られる。それ以外の日でも、一日約二〇〇人がプランカシとカデを往来している。また、商売をしている者の中には、アクラまで仕入れに行く者も少なくない。

夏休みや冬休みになると、子供たちがアクラやクマシをはじめとするガーナ南部の各地に住んでいる親戚の元を訪れる。また、プランカシには高校が無いため、高校に進学するものは、必然的にプランカシを離れることになる。カデ、ンクォクォ（Nkawkaw）、オダ、アサマンカシ（Asamankese）、アクラの高校が選択されることが多い。上記の町に加え、聖ドミニク病院のあるアクォティア、隣町のタチマイやアボドン（Abodon）、クワエビビリム郡内にあるアスオムやタクロワシ（Takrowase）、ウェンチ（Wenchi）といった町は、プランカシの人々が比較的よく訪れる可能性のある場所として認識されている。

通婚などによって近隣の町から移住してきた者や近隣の町へ移住する者が多いためか、プランカシで暮らす人々の中には貸家に住んでいる者も多い。そのため、ひとつの家屋に複数の家族が同居していることも珍しくない。また、とりわけ親類や知人の葬儀のある週末には周辺の町を訪れる者が多い。同時に、プランカシで大きな葬儀が行われる際には、周辺の町をはじめ、ガーナ各地や時には海外からプランカシ出身者やその友人が集まってくる。筆者も、葬儀に参加するためにプランカシを訪れたオブロニ[11]（*oburoni*）を複数見たことがある。

プランカシの人々は、ガーナの外部である他国についても一定の情報を持っている。プランカシ周辺の町にも複数のオブロニが暮らしている。例えば、タチマイには、金鉱山を経営する三人のトルコ人が、カデにはエイズ関連のプロジェクトを支援する二人の日本人が、アクォティアには聖ドミニク病院の関係者の多数のドイツ人がそれぞれ生活している。また、プランカシには、日本から来た人類学者（筆者）が時たま訪れており、プランカシのオブロニとして認識されている。これらのオブロニの存在は、ドイツとイギリスのＮＧＯによって援助された小規模水道や地上波で放送されているドイツやメキシコ、日本のテレビ番組などとともに他国の存在を感じさせる存在となっている。同時に、南アフリカに本社のある衛星放送の「DS-TV」は、連日、アメリカやヨーロッパ各国のテレビ番組を放送しており、プランカシでもサッカー中継を中心に多くの人に娯楽を提供している。(12)

また、海外で生活しているプランカシ出身者は、少なくとも五〇人以上はいると言われており、その中には、イギリスで看護師として働く者も含まれる。町の南側の比較的閑静な地域には、海外で成功した人によって建てられた「ジェノヴァハウス」や「トロントハウス」、「イタリアンハウス」、「アメリカンハウス」と名づけられた立派な家屋が点在している。イタリア、イギリス、カナダ、アメリカ、中国、日本といった国々は、そこに行けば多くのカネを稼げる場所として、様々な援助を行ってくれる国として、できれば一度は訪れてみたい場所として、人々に認識されている。

四　プランカシ周辺の医療状況

前節で述べたように、プランカシの人々は、頻繁に町の外へと出かけていく。葬儀や商売、通学とともに人々が町の外に出る主要な理由となっているのが、病気にまつわるものである。

二〇〇五年にGHSクワエビビリム郡局によって作成された資料［GOG 2005c］によると、クワエビビリム郡には、二つの病院と四つのヘルスセンター、三つの診療所、一件の薬局、九〇件のケミカルセラーが存在している。[13]このうちプランカシには、ひとつのヘルスセンターとケミカルセラーの営む四軒の店があり、人々は主にそこから薬剤を入手している。

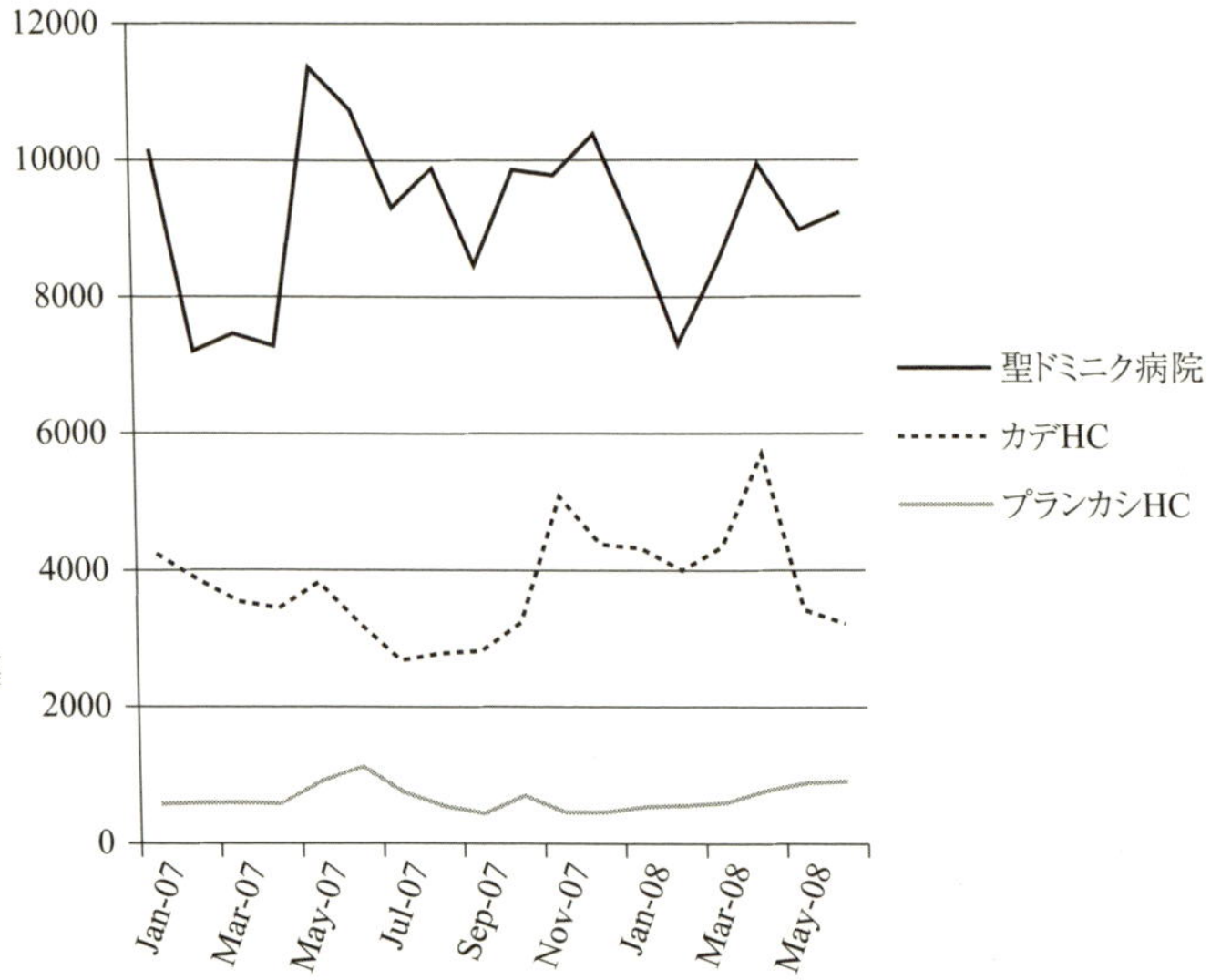

図 1-4　プランカシ周辺の生物医療施設毎の患者数推移（数字は GHS クワエビビリム郡局提供）

　自家的に薬草を使用する者もあるが、いわゆる薬草師と呼ばれるような薬草に特別に詳しいとされる人はプランカシでは知られていない。「私の叔父はそうだった」という話はよく聞くが、「誰にも教えることなく死んだ」り、「教えられた息子はプランカシにはいない」という。また、プランカシ内には、「かつて呪医をしていた」とされる人／自称する人が二人いたが、少なくともここ十数年の間、大がかりな儀礼は行われていない。元呪医の一人は、その理由として「教会にドラマーを取られた」ことを挙げていた。[14]キリスト教が支配的な現在のプランカシでは、呪医は、しばしばあからさまな侮蔑の対象となっている。ある老婆の葬儀の日、ペンテコスタ教会の成員である義理の娘は、「あの人は呪医のところに行っていたから死んだんだ」と秘かに教えてくれた。

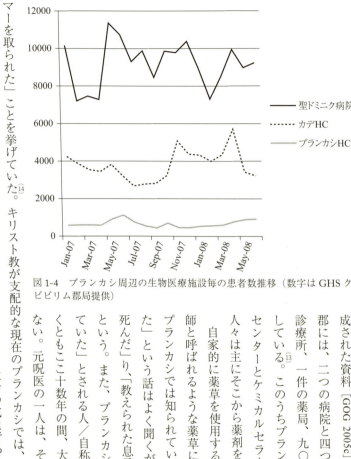

プランカシで暮らす人々の多くは、病気の際、ケミカルセラーで薬剤を購入するか、プランカシＨＣに行く。小さな子供のいる家には、鎮痛剤や抗生物質、栄養剤のシロップが常備されていることが多い。そのため、少なくとも量的には、プランカシでもっとも頻繁に使用されている治療手段は薬剤である。

人々はプランカシの外にある生物医療施設を利用することもある。中でも重要視されているのが、アクォティアにある聖ドミニク病院と郡庁にあるカデＨＣである[15]（図1‐2参照）。聖ドミニク病院はカデＨＣよりも、カデＨＣはプランカシＨＣよりも優れていると人々は考えている。月毎の平均患者数を見ることでそれぞれの施設の規模を類推することができる。二〇〇七年のデータでは、プランカシＨＣが六五五・七人であるのに対し、カデＨＣが三五八九・三人、聖ドミニク病院が九三二一・九人となっている[16]（図1‐4参照）。

人々の聖ドミニク病院への信頼は厚く、プランカシの人が「アクォティアに行く」と言った場合、それは、聖ドミニク病院に行くこととほぼ同義である。また、プランカシＨＣには検査設備がないため、妊婦のＨＩＶ／ＡＩＤＳ検査はカデＨＣへ、結核を診断するためのレントゲン写真は聖ドミニク病院へと紹介されることになる[17]。同時に、「アクォティアに行く」ことは死ぬことも含意する。聖ドミニク病院は、おそらくクワエビビリム郡で唯一であろう遺体の冷凍保存施設があるからである。アカン系の人々の葬儀が盛大に行われることはよく知られている［e.g. Arhin 1994］が、プランカシでもそれは例外ではない。特に、葬儀の際に遺体を展示するためには冷凍保存が欠かせない。そのため、多くの人は聖ドミニク病院で死にたいと考えており、遺族は遺体を聖ドミニク病院に運びたがる。

また、郡庁にあるカデＨＣには、プランカシＨＣを監督する立場にあるＧＨＳのクワエビビリム郡局が併設されている。そのため、会合に出席したり、レポートを提出するためにプランカシＨＣの職員は頻繁にカデを訪れている。同時に、ＧＨＳの監督責任者がプランカシＨＣに視察で訪れることもある。

五　小結

プランカシはガーナ南部の農村部に位置する、主としてアチムの人々の暮らす人口五〇〇〇人強の小さな町である。プランカシの人々は、周辺の町に頻繁に出かけ、アクラや海外に出稼ぎに行く者も少なくない。また、人々は、町の中にあるプランカシＨＣに加え、カデＨＣや聖ドミニク病院といったより規模の大きい生物医療施設も利用している。

註

（1）私立病院が人口の多いアシャンティ州（Ashanti region）とグレーター・アクラ州（Greater Accra）に多い一方で、公立のヘルスセンターはヴォルタ州（Volta）にずば抜けて多い。全施設を人口との比率で見ると、ブロン・アハフォ州（Brong Ahafo）に最も少なく、ヴォルタ州とアッパー・ウェスト州（Upper West）に多くなっている。

（2）日本国内の出版物では、アチム（Akyem）を「アチェム」と表記することもある。アチムの人々の母語であるチュイ語では、a、i、e、ɛ、u、o、ɔの7つの母音を用いるが、このうち、ɛはeよりも日本語の「エ」に、ɔはoよりも日本語の「オ」に近い。私の耳には、kyeの音は、「チェ」よりも「チ」に近く聞こえるため、本書ではkyeは「チ」と表記していく。Akyemをアチェムではなく、アチムと表記するのはこのためである。

（3）プランカシ・エリアの人口はＧＨＳクワエビビリム郡局が、プランカシ町の人口はプランカシ・ヘルスセンターがそれぞれ提供。

（4）キリスト教会系のＮＧＯである国際ＳＩＬの公開しているwebページであるエスノローグ（http://www.ethnologue.com/home.asp）によると、ガーナには七九の言語（この中には、英語やハウサ語といった地域共通語とともに二つの手話が含まれている）があるとされる。また、二〇〇二年以降は、すべての教育課程における教授言語は英語に定められている［古閑二〇〇九］。

（5）クマシは、ガーナ最大の版図を持つアサンテ王国の首都であり、アクラと並ぶ大都市である。

（6）一九三〇年代にアチム・コトクを調査したフィールドは、同じ名前のアブスヤに属する者は、たとえアサンテとアチムというように別々の民族集団に属している場合であっても互いに結婚できないと述べているが［Field 1948］、現在では同じ名前のアブスヤに属する者同士の結婚を確認することもできる。人々は、異なる町の出身者の場合には、属するアブスヤの名前が同じでも問題にならないという。

（7）この三分類は小学校教育の中で徹底されている。ただし、人々の中には仏教の存在を知る者もいる。

（8）もちろんこのことは呪医のもとを訪ねる者がいないことを直ちに意味するわけではない［石井 二〇〇七］。

（9）チュイ語でコントミレ（*kontomre*）と呼ばれ、green leaf と英訳されるココヤムの若葉は、ヤシ油で炒めたり、スープに入れたりして日常的に食べられている。日本で手に入る食材の中では、ホウレンソウに最も近い。

（10）プランカシではンクォクォ（Nkawkaw）にあるＦＭ局であるオブオバＦＭ（Obuoba FM）が人気である。オブオバとは、石（*ɛboɔ*）の子（*ba*）という意味で、日本語の「鉄人」に近いニュアンスを持っている。

（11）オブロニ（*oburoni/pl. aburofɔ*）は、「ヨーロッパ人」と訳されることもある［Kotey 2005］が、黒人（*obibini*）との対概念であり、オブロニかどうかは、出身地というよりは肌の色によって決まることが多い。そのため、日本人や中国人もオブロニと認識されるし、「奴隷貿易のために、アメリカにはオブビニがたくさんいる」というふうに使用されることもある。ただし、「（ガーナ代表のサッカー選手の）エシアンはもはやオブロニだ」と表現されることもあり、必ずしも一義的に肌の色に準拠しているわけではないようである。

（12）プランカシには一人当たり〇・二セディ程の視聴料を取って DS-TV を見せるスポーツバーのような場所がある。

（13）薬草師や呪医などの治療者も存在するが、郡内にどれくらい存在しているのかは不明である。

（14）この発言の背景には、呪医の行う儀礼にはドラムの演奏が不可欠だという認識がある。教会がミサの中のドラムの演奏を認め、呪医を迫害していることをこのように述べている。そんな説明をしてくれた彼女も二〇〇九年六月に亡くなった。

（15）カデＨＣは二〇〇七年八月にカデ病院へと格上げされているが、本書では一貫してカデＨＣと呼ぶことにする。無用な混乱を避けるためである。

（16）数字はＧＨＳクワエビビリム郡局提供。

（17）プランカシＨＣでも二〇〇九年四月よりＨＩＶ／ＡＩＤＳ検査を開始した。また、同時期にマラリアの血液検査等を行うラボの導入も行われている。

二章　薬剤の流通をめぐるポリティクス

一章で述べたように、現在のプランカシにはもともとそこにはなかった様々なモノが急激に流入してきている。特に、一九九九年に電気が引かれたことによって使用が可能になった、冷蔵庫や携帯電話、ステレオ、テレビ、ビデオCD、パソコンといった電化製品は、人々の生活の不可欠の要素となりつつある。

薬剤は、それらの電化製品よりも前から人々の生活の一部となってきたモノであり、プランカシで暮らす人々にとって最も身近な生物医療的な要素である。[1] 本章では、この薬剤に注目しながら、薬剤、ヘルスセンター、ケミカルセラー、生物医療従事者、生物医学といった生物医療的な要素が当該地域にどのような形態で存在しており、それらの要素が互いにどのように結び付けられたり、切り離されたりしながら存在しているのかを明らかにしていく。

一　生物医療的な要素としての薬剤

本書では、薬剤（pharmaceuticals）を、「治療のために病者[2]に摂取されるモノのうち、生物医学に基づいて開発・

製造され、製造過程において化学物質の単離を経ているモノ」と定義する[3]。具体的には、抗生物質や解熱剤、鎮痛剤や抗マラリア薬などがここで定義する薬剤に含まれる。合成麻薬は治療のための摂取を目的として製造されていないため、また、薬草や漢方薬は化学物質の単離を経ていないため、本書で定義する薬剤には含まれない。薬剤は行為としての生物医療の中核を担うモノであり、各国政府の医療政策の主要な介入ポイントのひとつであり、同時に製薬会社が莫大な資本を投下して開発するモノでもある。

具体的な議論に入る前に、薬剤がどのように開発されているのかを概観することによって、欧米や日本において薬剤が生物医学と緊密に結びつけられていることを確認しておこう。薬剤は、単に生物医療で用いられる中核的な治療手段であるだけではなく、(1)生物医学に基づいて開発され、(2)生物医学に従って使用されることを前提として認可されている。

生物医学にとって、薬とは化学物質の事である。例えば薬学者のアイヴァーセンは、薬が体内の特定の器官に作用する過程を次のように説明する。身体が生存していくためには適切なときに適切な細胞が働かなければならない。その合図として使われる化学物質がある。細胞には特定の化学物質を受け取る受容体があり、化学物質が受容体にはまることによって細胞が活性化する。この受容体に働きかける化学物質を体外から持ち込むことによって、特定の細胞の働きを活性化させるのが薬である。薬として作用する化学物質は比較的小さく、原子一〇〜一〇〇個でできている［アイヴァーセン 二〇〇三（二〇〇一）：三一－三五］。この説明に典型的に表れているように、生物医学では、薬とは化学式で表記する事ができる化学物質のことである。

それでは、化学物質としての薬剤はどのような手順で開発されるのだろうか。アイヴァーセンによると新薬は大きく分けて五つの段階を踏んで開発される。(1)ターゲットの決定、(2)化学物質の絞込み、(3)動物実験、(4)臨床試験、(5)承認の五段階である。

最初に行われるのがターゲットの決定である。ターゲットとなるのは、先述した細胞内の受容体に加えて、病原体の増殖の阻害なども含まれる(1)。受容体を例にとって話を進めると、選ばれた受容体がどの化学物質をどのくらいの感度で認識するのかを調べるために、何千種類という化学物質が試される。その中から一〇〜一〇〇種類程度の有望な化学物質が動物実験に進む(2)。動物実験では、その化学物質が口から摂取した場合にどの程度吸収され、どの程度効果が持続するのかが調べられる。同時に、その化学物質の安全性についても試験される。その中には一年間化学物質を投与し続けるものや、妊娠動物を使い胎児への影響を見るものもある。このような試験を二種類の動物で行い、その安全性が確かめられた場合には人間に投与されることになる(3)。

人間への臨床試験は三段階に別れている。第一相の臨床試験では少数の健康なボランティアに対して新薬候補の化学物質が投与される。ここでも動物実験と同様に、化学物質がどの程度吸収されるのか、効果がどのくらい持続するのか、予想外の副作用は無いかが確かめられる。その後、有望とされた化学物質は第二相の臨床試験に進む。新薬候補の化学物質はここで初めて患者に投与され、特定の疾患に対して効果を持つかどうかが試される。化学物質が効果を持つかどうかは基本的には特定の数値が改善するかどうかによって確かめられる(4)。第二相で効果があるとされた場合に、化学物質は第三相の臨床試験へと進む。ここでは第二相よりも多くの患者に化学物質が試されその効果が計られることになる(4)。第二相と第三相の臨床試験で集められたデータを基に、政府機関によって有効な新薬として承認できるかどうかが判断される(5)［アイヴァーセン 二〇〇三（二〇〇一）：一三六－一四六］。

以上のような薬剤の開発過程において、生物医学は（統計学と共に）中心的な役割を果たしている。ターゲットとなる受容体がどのようなもので、それが特定の疾病と関連していることを保証しているのは生物医学である。新薬候補の化学物質の影響を調べる為に、何をどのように検査するべきなのかを判定しているのも生物医学である(5)。

このように生物医学と分かちがたく結びついて開発されるにもかかわらず、薬剤は数ある生物医療的な要素の中でも特に生物医学と断絶しやすく、異なる論理に従って使用されやすいものと考えられてきた。古典的には、症状が緩和すると薬剤の服用を中止する患者の存在が、いわゆる「非応諾 non-compliance」としてたびたび議論されてきた [e.g. Eaton 1980]。一方で、薬剤は生物医学とは異なる論理によって使用されると人体に危害を及ぼす危険性があり、生物医学の論理に従って利用される「べき」ものとも考えられている。そのため、国家は薬剤の流通を統制することによって、生物医学の論理に従った薬剤の使用を方向づけようとしてきた。その中でも多くの国では、薬剤を要処方薬（prescription only drug）と一般薬（over-the-counter drug）の二つに分ける処方制度が採用されている。要処方薬は処方箋が無ければ購入できない薬剤であり、一般薬は処方箋無しに入手できる薬剤である。

処方制度によって、要処方薬の危険性は二つの意味で抑えられる。まず、承認されたばかりの新薬の場合、それまで予想さえされていない未知の副作用が存在する可能性がある。人々は要処方薬を買うために医師の元に処方箋を受け取りに行かなければならない。継続的に服用する際には、処方時に医師が患者の体調をチェックすることにより、副作用が起きていないかどうかを診ることができる。[6] 次に、医師が処方をする際に、危険性を減らすような薬剤の取り扱い方を指示する事もできる。また、細かな規則は国ごとに異なるものの、一般薬であっても誰もが好き勝手に販売できるのではなく、政府機関の発行する資格（＝薬剤師）を要求されることもある。その資格を取るためには、生物医学についての高等教育を受ける必要がある。

このように、国家は生物医学についての教育を受けた者を資格化し、彼らに薬剤を独占的に供給させることによって、薬剤が生物医学に即して使用されることを強力に方向づけている。注目すべきことに、この形態の薬剤流通制度は、既に存在している薬剤の生物医学に基づいた使用を促すだけではない。それは、これから開発される薬剤の安全性を判断する際の前提ともされている。[7] この意味で、薬剤は生物医学だけではなく、その流通が統制されているという社会状況についての知識にも基づいて開発・製造・認可されているのである。同時に、流通と使用が統制される事を前提とした薬剤が存在することは、今度は国家が薬剤の流通を確実に統制する必要を生み出す。つまり、欧米や日本では〈薬剤〉と〈国家による薬剤流通の統制〉はお互いがお互いの前提をなす相互包含関係にあり、この関係によって薬剤と生物医学は緊密に結び付けられているのである。

二　アフリカにおける薬剤

それでは、このような特徴を持った薬剤はガーナを含めたアフリカ地域においてどのように流通し、使用されてきたのだろうか。一般に、アフリカでは薬剤が不足していると考えられている。しかし、一九七〇年代にはすでに、薬剤が不足していると思われていたいわゆる「第三世界」と呼ばれるアジア・アフリカ・ラテンアメリカの各地において、薬剤が容易に入手でき、頻繁に使用されていることがわかっていた［van der Geest, Whyte, and Hardon 1996］。このことが様々な立場の論者に驚きを持って受け止められたのは、それらの地域では薬剤が国家による統制の外で流通していたからである。このことは、前節で述べた様な〈薬剤〉と〈国家による薬剤流通の統制〉の緊密な関係が切断されていることを意味し、より実際的な問題としては、生物医学の教育を受けていない者によって薬剤が供給されることによって、耐性菌が発生する可能性や薬剤が搾取の道具となることが危惧されたのである(8)。

そんな中、人類学者はときに価値判断を交えながらも、具体的な事例に基づいて薬剤がどのように流通し、使用されているのか報告することによって、「第三世界」における薬剤についての議論の活性化に寄与してきた。彼らは一貫して、薬剤が生物医学と切り離されている様子を記述してきた。薬局では処方箋無しにすべての薬剤が売られ、無認可の薬屋からも薬剤は購入することができる。また、実際に薬剤が使用される際にも、生物医学とは異なる、当該地域の既存の論理に従って薬剤は使用されている。(9)

薬剤についての人類学者の議論をこのように整理することは、「私たちの社会」では薬剤は生物医学と結びついているが、「第三世界」では薬剤は生物医学と切り離されている、という単純な二元論が主張されてきたという誤解を生む可能性がある。(10) そのような誤解を避け、後述するガーナの薬剤流通の特殊性を位置づける為にも、具体的な事例をより詳細に見ておこう。

カメルーンにおける薬剤の流通

ファン・デル・ヘーストの一連の研究［van der Geest 1982, 1987, 1988］は、カメルーン南部における薬剤流通の全体像を明らかにした貴重な業績である。彼によるとカメルーン南部の薬剤の流通は公式セクターと非公式セクターの二つに分けることができる。公式セクターには、公立の病院とヘルスセンターを中心に、キリスト教会関連の私立の医療施設と薬剤師によって営まれる薬局が含まれる。一方で、非公式セクターは、日用品店、行商人、露天商、薬剤専門商、私的サービスを行う生物医療従事者の五つの非公式な薬剤供給者によって構成されている［van der Geest 1988: 133-136］。

ファン・デル・ヘーストによると、公式セクターと非公式セクターは単に共存しているのではなく、相互依存関係にある。公立の病院やヘルスセンターの不備が非公式セクターの必要性を準備する一方で、非公式セクターの存在が公立の病院やヘルスセンターからの薬剤の不正な持ち出し（横領・流用）を促進させているからである。まず指摘する必要があるのは、公式セクターがうまく薬剤を供給できていないという点である。公立の病院とヘルスセンターは、(1)政府機関の不手際と、(2)職員による汚職という二つの問題を抱えている。

政府機関の不手際は三つある。まず、薬剤は発注から平均二年後に届いている。これは記録の管理がずさんなことに由来している。次に、薬剤は十全に管理されていない。温度や湿度といった気候的な要因から守られていないうえ、古い薬剤が倉庫に残されている。最後に、分配の不手際がある。小規模のヘルスセンターでは必要な薬剤の六五％しか分配されていない一方で、より大規模のヘルスセンターには必要以上の薬剤が分配されている［van der Geest 1982: 2147］。

同時に、汚職が横行しているために、多くの薬剤が病者の手に届く前に消えている。大まかに見積もって約三〇～四〇％の薬剤が職員によって院外に持ち出されている。持ち出された薬剤は家族や友人に配られたり、自宅で行われる私的な医療行為で使用されたり、無認可の薬屋に売却されたりしている［van der Geest 1982: 2148］。

不手際と汚職という二つの問題を抱えているために、公立の病院やヘルスセンターは慢性的な薬剤不足に悩まされている。私立の医療施設や薬局も同様に有効に機能していない。職員の汚職は私立の医療施設でも行われている。それでは、薬局はどうか。多くの人々は少量の薬剤を買うためのカネしか持っていない。そのため、あらかじめ定められた量の薬剤しか売れない薬局では薬剤を購入することはできない。こうして公式セクターがまったく存在しない薬剤流通の「真空地帯」が生まれる。

薬剤流通の非公式セクターはこの真空地帯を埋める形で存在している。薬剤は日用品店や市場の露店、行商人によって日常的に販売されている。政府機関の認可を受けていないにもかかわらず、薬剤を専門に扱っている商人もいる［van der Geest 1987: 296-297］。加えて、公立の病院やヘルスセンターは慢性的な薬剤不足に悩まされているため、病者は非公式セクターで販売されている薬剤を買って医師の元に行くのが一般的である［van der Geest 1988: 142-143］。

以上のように、公式セクターの不備が非公式セクターの存在を準備しているのだが、逆に、非公式セクターの存在が公式セクターの不備を増大させてもいる。生物医療従事者はしばしば薬剤を不正に持ち出しているが、その目的のひとつに現金を得る事があげられる。持ち出された薬剤が換金可能なのは、薬剤の非公式な市場が存在しているからである。つまり、薬剤流通の非公式セクターが存在する事が、生物医療従事者による薬剤の不正な持ち出しの動機を増大させ、公式セクターの薬剤不足を増大させているのである。

ガーナの薬剤流通の特徴と本章の課題

このような薬剤流通の二つのセクターの絡み合いはカメルーンだけではなく、アジア・アフリカ・ラテンアメリカの多くの国で起きているというファン・デル・ヘースト の主張［van der Geest 1988: 131］は、概ね受け入れられてきている［Petryna and Kleinman 2006: 15］。しかし、これから明らかにしていくように、ガーナ南部の薬剤の流通状況は先行研究で記述されてきた状況とは二つの点で大きく異なっている。

まず、ガーナ南部では国家の薬剤政策が相対的に成功しているように見える。これから明らかにしていくように、ガーナ南部では薬剤が容易に入手可能なうえ、無認可の薬剤供給者の存在も稀である。同時に、公立のヘルスセンターや病院は、薬剤不足に陥ることなく機能している。このような薬剤の流通状況は、先行研究で報告されてきたアフリカにおける薬剤の流通状況と比べると、よく統制されているように見える。

次に、ガーナ南部ではケミカルセラーという独特の薬屋が存在する。彼らの独自性は、生物医療に関する体系的な教育を受けていないにもかかわらず、政府機関によって資格化されている点にある。一般に、薬剤を販売するための資格は生物医療に関する教育を受けている者に限定的に与えられており、生物医療に関する教育を受けていない者に薬剤を販売する資格を与えることは世界的に見ても稀である。

ガーナ南部における国家による薬剤流通の統制はどのようにして可能になっているのだろうか。そして、その中でケミカルセラーはどのような役割を担っているのだろうか。本章では、薬剤の流通状況、薬剤政策、国際的な生物医療従事者市場、個々の薬剤供給者の特徴と関係性に注目しながら、この二つの問いについて議論していく。この作業を通じて、ガーナ南部における生物医療的な要素の様態、つまり、独特の薬剤の流通状況がそれに対応する特性を薬剤や生物医療従事者、生物医学に要請していることを明らかにするのが、本章の目的である。

以下、三節ではガーナ南部における薬剤の流通状況の全体像とその背景を明らかにする。続く四節では、ガーナ南部の農村部の代表的な薬剤供給者であるケミカルセラーとヘルスセンターに注目し、それぞれの特徴と両者の関係について議論する。三節と四節を通じて試みられるのは、ガーナ南部における薬剤の流通状況を記述し、ケミカルセラーの薬剤供給者としての重要性を明らかにすることである。五節では、ケミカルセラーの実践や政府文書の中で想定されているケミカルセラー像を分析することにより、ケミカルセラーの曖昧で捉えどころのない性格が薬剤の流通を統制することの難しさを隠蔽していることを指摘する。六節では、本章の議論を整理し、当該地域における、薬剤、ヘルスセンター、ケミカルセラー、生物医学といった生物医療的な要素の関係性を明らかにする。

三　ガーナ南部における薬剤の流通

無認可の薬剤供給者の不在

アフリカにおける薬剤の流通状況の特徴として、改めて確認しておきたいのは、薬剤はよく普及しているということである。この薬剤の普及の背景には、無認可の薬剤供給者の存在がある。無認可の薬剤供給者は、先に参照したカメルーン南部だけではなく、ガーナ北部［Bierlich 1999: 327-330］やウガンダ［Whyte 1988: 220］にも存在することが指摘されており、アフリカにおける薬剤の流通の特徴とされている［Petryna and Kleinman 2006: 15］。

しかし、ガーナ南部では、無認可の薬剤供給者の存在は稀である。アクラにある、比較的大きなステーションに少数の行商人が存在するものの、それ以外の場所ではほとんど見かけることはない[11]。この背景には、保健省（Ministry of Health）の下部組織である薬局評議会（Pharmacy Council）による無認可の薬剤供給者に対する取締り［e.g. Ghana News Agency 2005］がある。公式の薬剤供給者の不足を補うという理由から無認可の薬剤供給者の存在に肯定的な評価を与える論者が少なくない中で［Whyte 1992; Cunningham 1970］、無認可の薬剤供給者に対する積極的な取締りが可能なのは、政府の認可を受けている薬剤供給者が多数存在しているからである。

ガーナ南部では、主に、病院、ヘルスセンター、薬局、薬屋（ケミカルセラー）の四種類の薬剤供給者を通じて人々は薬剤を入手している。これらの薬剤供給者は、診断と治療を主たる目的とする生物医療施設と薬剤の販売を主たる目的とする薬剤商人の二つに大別することができる。

生物医療施設と倉庫を通じた流通

アフリカの薬剤の流通状況に関する先行研究では、病院やヘルスセンターといった生物医療施設は薬剤の不正な持ち出しや資金不足などによって引き起こされる薬剤不足に悩まされており、薬剤供給者として機能不全に陥っているとしばしば指摘されてきた［van der Geest 1982: 2147-2149; Whyte 1992: 170-173］。一方、ガーナでは、これから詳述するような、倉庫を通じて中心化された薬剤流通システムと「キャッシュ＆キャリー」という原則を採用することにより、病院やヘルスセンターの薬剤不足が回避されている。

ガーナの保健省は全国に倉庫を持っており、薬剤流通システムの拠点としている。公立の病院とヘルスセンターで使用する薬剤を一括購入し、アクラ近郊の港町、テマ（Tema）にある「国の倉庫」で保管している。「国の倉庫」

に備蓄された薬剤は、州都にある「州の倉庫」に輸送され、そこから「郡の倉庫」に供給される。個々の病院やヘルスセンターは、「国の倉庫」や「州の倉庫」や「郡の倉庫」から薬剤を入手できる。一九九九年に行われた調査によると、公立の生物医療施設の五八％が「州の倉庫」から、四〇％が「郡の倉庫」から、四％が「国の倉庫」から薬剤を入手している[12]［GOG 1999: 27］。このような中心化された流通システムを構築することにより、各施設で使用する薬剤を国単位でまとめて購入することができ、薬剤の単価を抑えることが可能になっている[13]［GOG 2006a: 23］。

ガーナにおいて、倉庫を通じた薬剤の流通の原則となっているのが「キャッシュ＆キャリー」という制度である。キャッシュ＆キャリーとは、端的に言えば、「薬剤は常に購入されなければならない」ということである。つまり、各州の倉庫はテマの倉庫から薬剤を購入し、各施設は州の倉庫から薬剤を購入する。病院やヘルスセンターでは患者が薬剤を購入し、そこで集められた資金で次の薬剤が仕入れられるという仕組みである。

このキャッシュ＆キャリー制度は、ガーナ独立当時から存在していたわけではない。一九五七年の独立以降、薬剤を含めたすべての医療費は国家が負担していた。しかし、旱魃に端を発した経済不況のために、一九八三年には薬剤をまったく輸入できなくなった。病院やヘルスセンターにおける生物医療行為を維持するため、また、構造調整政策の一環として、患者の医療費負担（薬剤費については全額負担）が始まったのは、一九八五年のことである[14]［Adams 2001: 3-4］。一九九三年に導入されたキャッシュ＆キャリー制度は、各施設において薬剤に関する資金を他の資金から独立させることによって、患者による薬剤費の全額負担を徹底させるものである。輸送や保管にかかるすべての費用を、薬剤の利用者である患者が負担するため、理論上、患者は「国の倉庫」の購入価格の四六％増の価格で薬剤を購入することになる[15]［Nyonator, Asare, and Tayvia 2001］。キャッシュ＆キャリーという制度を導入することにより、患者が薬剤をただで入手できる状況［van der Geest 1982; Ugalde and Homedes 1988：武井一九九二）と比べて、各生物医療施設から薬剤を不正に持ち出すことが難しくなっている。[16]

薬局とケミカルセラー

生物医療施設とともに、薬剤の供給に重要な役割を担っているのが薬剤師の営業する薬局とガーナ特有の薬剤供給者資格であるケミカルセラーである。両者を管轄する薬局評議会によると、薬局はガーナ全体で一〇八八軒存在しているものの、その実に八五・七％がアクラとクマシという二大都市を抱えるグレーター・アクラ州（六九一軒）とアシャンティ州（二四二軒）に集中している。ガーナは一〇の州に分かれるが、その他の八州に存在している薬局の数は二～四三軒となっている。[17]

明確なデータは存在しないものの、薬局はそれぞれの州内においても人口密度の高い都市部にあることが予想され、農村部に住む人々が薬局から直接薬剤を購入することは難しいと思われる。一方で、薬局評議会が「ケミカルセラーは過疎地のための制度である」［Ghana News Agency 2005］と明言するように、ケミカルセラーは主に農村部に存在している。管轄している薬局評議会も正確な数は把握できていないものの、その数はガーナ全体で八〇〇〇軒を越えるという。

ケミカルセラーは、薬局と同様に薬事法（Pharmacy Act）によって規定されており、ケミカルセラーのライセンスは薬局評議会によって発行されている。ライセンスの申請者には、高校（Senior Secondary School）以上の教育機関の卒業証明が要求される。二〇〇六年九月にライセンスを取得したケミカルセラーによると、申請から取得までには約一年半かかり、その間に三度の面接と一度の講習会の参加が必要だったという。特に講習会には、ライセンスを取得した後も毎年参加することが義務付けられており、参加しない者はライセンスを更新することができない。講習会の資料によると、ケミカルセラーのライセンスは、特定の店を持った個人に発行される。また、その条件として、ガーナ国籍を持つこと、心身が健康であること、薬剤に関する前科の無いことが挙げられている［GOG 2006b: 22-26］。

このように、ケミカルセラーは、薬剤師と異なり生物医療に関する公式の教育を受けていないにもかかわらず、薬剤を販売することが許可されている。ただし、ケミカルセラーはすべての薬剤の販売を許可されているわけではない。ガーナでは、薬剤をA、B、Cの三つのカテゴリーに分類している。カテゴリーAに属するのは、処方箋無しに販売することが禁止されている薬剤である。カテゴリーBに属するのは、薬剤師が独自の判断で販売することができる薬剤である。カテゴリーCに属するのは、ケミカルセラーが販売を許可されている三〇種類程度の薬剤である［GOG 1994: 9-11］。つまり、ケミカルセラーはカテゴリーCに含まれる薬剤の販売のみを許可されている。このように、比較的政府に公認されやすい薬剤供給者であるケミカルセラーの活動は、様々に制限されている(18)。

ケミカルセラーのような、政府の認可を受けながらも活動が制限されている薬剤供給者の存在は、先行研究ではほとんど言及されてこなかった。しかし、他の薬剤供給者と比べて圧倒的に多く存在しているということだけからも、ガーナではケミカルセラーが薬剤の供給に重要な役割を担っていることが分かる。

「頭脳流出」とケミカルセラーの重要性

ガーナ南部における薬剤の流通でケミカルセラーが重要な役割を担っている背景には、国際的な生物医療従事者市場がある。ガーナの薬剤政策の目標は、「ガーナ国内の全ての人に、効果的で安全で入手可能な良質な薬剤へのアクセスを保障する」ことであると明記されている［GOG 1999: 1］。しかし、生物医療に関する体系的な教育を受けていないケミカルセラーの存在なくして、この目標を達成することは実質的に不可能である。薬剤政策の目標を達成できるほどには、医師や看護師、薬剤師は多くない。

更に、ガーナ国内における生物医療従事者数の増加を妨げているのがいわゆる「頭脳流出」である。医師や看護師、薬剤師といった生物医療従事者の海外への出稼ぎは、決して無視できない。例えば、ある調査によると、一九九三年から二〇〇〇年にかけてガーナで教育を受けた医師の実に六八・二％が海外に移住しているという［Asenso-Boadi and Coast 2007］。また、ニョネイターとドブロによると、海外で働くガーナ人医師の数はガーナ国内で働く数よりも多く、毎年新しく資格を得る看護師の五六・四％に当る数の看護師が海外に移住している。薬剤師の海外への移住はそれほど多くないといわれてきたが、近年、イギリスの国民保健サービス（National Health Service）が雇用を始めたことを受け、増加傾向にある。アメリカやイギリス、オーストラリアやカナダでは、看護師不足が深刻化していくことが予想されており、今後もガーナから多くの生物医療従事者が、より良い賃金と職場環境を求めて海外へ移住していくと予想されている［Nyonator and Dovlo 2005］。移住した生物医療従事者を養成するために使われた六〇〇〇万US$もの資金を、ガーナは失ったという試算もある［Martineau, Decker and Bundred 2004: 4］。

このようなガーナの生物医療従事者の海外への移住の背景には、賃金格差の他に二つの重要な要因がある。まず挙げなければならないのが、言語の問題である。国土の大部分が旧イギリス植民地であることもあり、ガーナの人々の多くは英語を話すことに堪能である。特に、医師や看護師、薬剤師といった資格を得ているような高学歴の人々は、英語を話すことにまったく不自由しない。このことは、英語圏での就職を容易にする［Martineau, Decker and Bundred 2004: 2］。

もうひとつの要因が、生物医療従事者の標準化である。ガーナで資格を得た生物医療従事者が移住先の国でも生物医療従事者として就職できるのは、移住先の国において、ガーナにおける資格が移住先の資格に準じるものと通用しているからである。この生物医療従事者の標準化は、植民地期に生物医療教育がイギリスの「標準」を維持するように促されてきたことによって保障されている［ドイアル 一九九〇（一九七九）：二五三－二五六］。

生物医療従事者の標準化が「頭脳流出」を促進するという状況は、「生物医療」を構成するとされてきた諸要素が、ひとつのまとまりとして普及していくのではなく、ある要素の普及が他の要素の普及を妨げうるような複雑な過程があることを明確にしてくれる。フリードソンは、生物医療従事者の公的権威が国家によって保障されていることを指摘している［フリードソン 一九九二（一九七〇）：七七－七八］。しかし、ガーナの事例からも分かるように、生物医療従事者の権威は必ずしも国家の内部に限定されなくなってきている。高等教育における生物医療従事者の養成と国家による生物医療従事者の権威の保障という制度が世界中の国々に普及した結果、ひとつの国家が保障する生物医療従事者の権威を他の国家が受容するようになっている。結果、生物医療従事者はより良い賃金と職場環境を求めて移動できるようになり、ガーナ国内における生物医療従事者数の増大が妨げられているのである。

ここから見えてくるのは、生物医療的な要素が緊密に結びついてひとつのまとまりをなしていると想定するシステムとしての「生物医療」という発想を維持することの難しさである。ガーナにおける生物医療を再生産・標準化するための教育・資格制度の採用は、国際的な生物医療従事者市場と結びつくことによって、ガーナ国内における生物医療従事者数の増大を妨げている。これは、特定の生物医療的な要素が、他の要素が増加するスピードを鈍化させていることを意味する。このような状況では、生物医療的な要素間の関係は流動的にならざるを得ず、要素が固定的に結びついたシステムとしての「生物医療」が一体的に普及していくという発想は維持しえない。

四　プランカシにおける薬剤の供給

ケミカルセラーの薬剤供給者としての重要性は、単に軒数の多さに止まらない。このことは、個々の薬剤供給者がどのように薬剤を供給しているのかに注目することによって明らかになる。ケミカルセラーは、単にヘルスセンターや薬局の地理的な「空白地帯」に薬剤を供給しているのではない。ヘルスセンターと異なる様式で薬剤を供給するケミカルセラーは、様々な理由からヘルスセンターに行けない人々にとって、ほぼ唯一の薬剤の入手先となっている。

ケミカルセラーにおける薬剤の販売

プランカシにある四軒のケミカルセラーを営む店のうち、最も多くの顧客を集めているのが、「ヤオ・ボイ・ケミカルセラー（以下、ボイCSと略す）」である。ボイCSは、創業者であるヤオ・ボイがライセンスを取得した一九九二年に開業しており、現在プランカシで営業しているケミカルセラーの中では二番目に古い。ヤオ・ボイは二〇〇二年に亡くなっており、現在は息子であるリチャード・ボイによって営まれている。

リチャードはプランカシ出身の三〇代（二〇〇六年現在）の一人暮らしの男性で、カデに住む妻との間に子供はないが、結婚前に別々の相手との間にもうけた子供が三人いる。一九九二年の開業当時から父の商売を手伝っており、商売に必要な薬剤についての知識は父から教わったという。短時間の店番を弟のティーが担当することがあるものの、営業時間の大部分ではリチャードが薬剤を販売している。ケミカルセラーのライセンスは個人に対して発行されているため、リチャードによる店の営業は違法である可能性が高い。このことを裏付けるように、リチャードはケミカルセラーの講習会に父親の名で参加している[19]。

プランカシの玄関口であるステーションのすぐ側にある店の広さは、三m×四m強とプランカシの商店の中では平均的なサイズである。店の奥には小部屋があり、注射を打ったり、リチャードが着替えるスペースとなっている。道路に面した正面には大きな机が、壁際には棚が並べられており、九七種類の薬剤[20]、二三種類のハーブ加工品[21]、注射や避妊具などが所狭しと並べられている。棚には新品のオーディオセットやテレビ、パソコンも並べられており、停電時を除いて常に音にあふれている。

写真 2-1　お遣いにきた少女の対応をするリチャード。2007年10月撮影。

リチャードは町のサッカーチームのスポンサーの一人であり、週に一度一〇セディを集めるスス[22]（*susu*）に参加している。また、毎週日曜には、店を閉めてアクラ（二〇〇六年当時の交通費は往復で五・二セディ）にある教会のミサに出かけて行く。これらの活動にリチャードがつぎ込む金額は町の消費水準からすると、かなり高い。リチャードは、プランカシで最も裕福な一人であり、町の人々にもそのように認識されている。

リチャードは、極めて多くの人々に頼られている。朝六時前から夜十時前後までの営業時間に薬剤を購入する人の数は、一〇日間の平均で一日あたり一五九・九人となっている。この数字は、カルテから算出した同時期（二〇〇六年一一月）のヘルスセンターの一日の平均利用者数（一九・四人）の約八・二倍に当る。プランカシに住む一八歳以上の人口を二〇〇〇人とすると、その八％前後が毎日この店で買い物していると推計できるが、プランカシだけで他に三軒のケミカルセラーが存在することを鑑みれば、ケミカルセラーと薬剤の利用率がいかに高いかが分かる。

同時に、リチャードは、町の人々から一定の敬意を集めている。例えば、リチャードに対する呼称として「ウォファ *wɔfa*、（母方のおじさんを指す／呼ぶ言葉）」が頻繁に用いられている。祖父母に対する呼称である「ナナ *nana*」程ではないものの、母系であるアチムの人々が大半を占めるプランカシにおいて、この「ウォファ」という言葉

図 2-1　ボイ CS 時間別取引数推移（2006 年 11 月筆者調査に基づく）

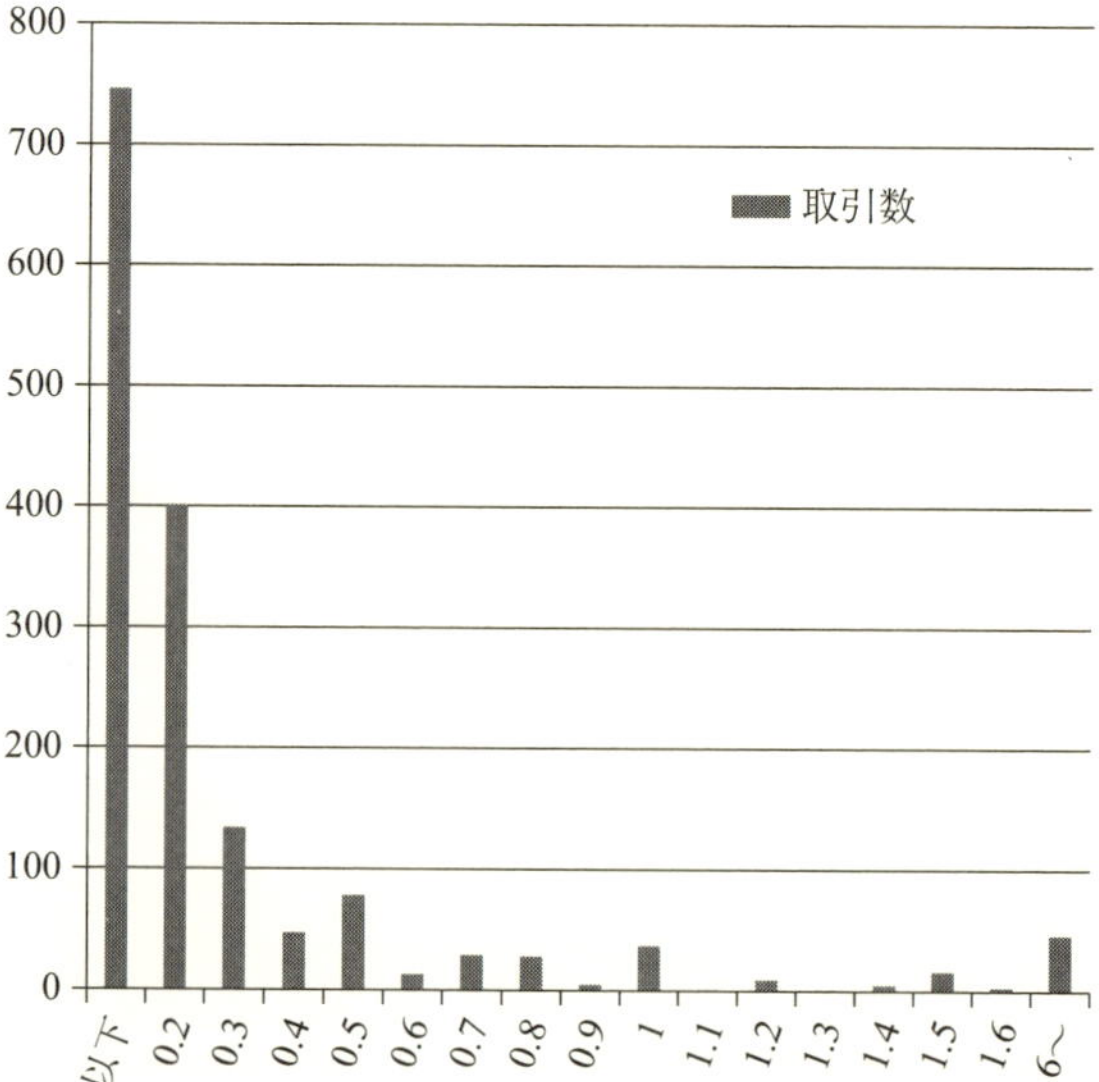

図 2-2　ボイ CS 取引額分布（2006 年 11 月筆者調査に基づく）

には特別な敬意が込められている。また、取引の最中に「メパーチョ *me paa kyεw*（「私は帽子をとった」、人々は、I beg you と英訳する）」という言葉が頻繁に用いられる。老人が深々とお辞儀をして店の前を通り過ぎることも稀ではない。ケミカルセラーに示されるような敬意が、近くで生鮮食料品を販売している中年女性や酒場のマスターに示されることはめったにない(23)。

ボイCSの特徴として、朝晩の利用者数が多いことが挙げられる（図2-1参照）。特に、夕方六時から九時までの間に訪れる顧客が多い。これは、朝から夕方にかけて仕事に行く人が多いことと対応している。取引時間は概して短く、三〇秒を超えることは稀である。一時間に三〇件以上の取引が行われることも珍しくない。

また、一般にボイCSのコストは低い。一〇日間に収集した一五九九件の取引の平均コストは〇・三セディである。総コストが〇・一セディ以下の取引が全取引の四六・七％あり、八〇・一％は〇・三セディ以下となっている（図2-2参照）。平均コストが低い理由として、薬剤を一錠単位で販売することが挙げられる。その一方で、サスペンション（液体状の薬剤）の量り売りは行わないため、乳幼児が病者の場合にはコストが大幅に増加する(24)。

ボイCSで販売される薬剤は、基本的にリチャードによって薬局から仕入れられている。アクラにある卸薬局から大量の薬剤を仕入れてくることが多いが、少量や緊急の場合には、カデの小売薬局やプランカシ内の別のケミカルセラーから購入してくることもある。また、三週間に一度、車で薬剤を売りに来る薬局からも定期的に薬剤を仕入れている。毎回決まった種類の薬剤が仕入れられるわけではなく、店の在庫状況と販売動向に照らし合わせて必要な薬剤が仕入れられている。

ボイCSで販売されている薬剤は多岐にわたるが、種類別販売数のトップ五は、鎮痛剤（二九・六％）、風邪薬(25)（一八・〇％）、抗生物質（一五・八％）、ビタミン剤（一二・五％）、抗アレルギー剤（一〇・二％）となっている。

ヘルスセンターにおける薬剤の処方

プランカシにおいて、ケミカルセラーとともに薬剤を供給しているのがGHSによって運営されているヘルスセンター（HC）である。

プランカシHCは、主にプランカシ副郡の住民に利用されている。ただし、一章で述べたように、車で三〇分ほどの距離にあるカデにはより規模の大きいヘルスセンターが、さらに一五分ほどの距離にあるアクォティアには、ミッション系の聖ドミニク病院が存在しており、プランカシの人々もそれらの施設を利用している。また、重症の場合には、アサマンカシやアクラの病院を利用するケースも見られる。

町の人の話によるとプランカシHCは一九六九年に開設されたという。ガーナ国内の他のヘルスセンターと同様、監督責任者はメディカル・アシスタントであり、医師は常駐していない。プランカシHCは、外来、母子保健、産院、疾病統制の四つのユニットから構成されている。本章では、このうち、薬剤供給の中心である外来ユニットを主に取り上げる。外来ユニットは、通常、一人のメディカル・アシスタント、一人の看護師、四人の事務職の六名によって運営されている。

プランカシHCは町の南端にある小さな丘の頂上に位置し、静かで落ち着いた雰囲気に満ちている。町の中心から歩いて一〇分ほどの距離にあるため、患者の中にはステーションからタクシーに乗ってくる者もある。一般に、ヘルスセンターは入院する施設ではない[26]が、プランカシHCには重症患者が休憩するためのベッドは充分にある[27]。

プランカシHCの利用者数は月毎に大きく変動しているが、二〇〇六年一月～一二月の月別平均利用者数は三七四人（前年比二・〇五倍）である[28]（図2-3参照）。一日平均一二人強の患者が訪れていることになるが、ボイCSと異なり土日の利用者数が極端に少ないため、通常、平日には一五人以上の患者が訪れる。二四時間体制で誰かが常駐しており、急病の場合には、隣接する宿舎で生活しているメディカル・アシスタントか看護師が対応することになっている。その一方で、プランカシＨＣの朝は遅い。最初の患者が八時過ぎには訪れるのに対し、急病人がいない限り実際に診療が始まるのは九時半を過ぎることが多い。日によって変動があるものの、大体午後三時過ぎには患者がいなくなる。また、プランカシＨＣでは長時間待たされることが多く、平均滞在時間は二時間を超える。平均診察時間は七分と比較的長い(29)。

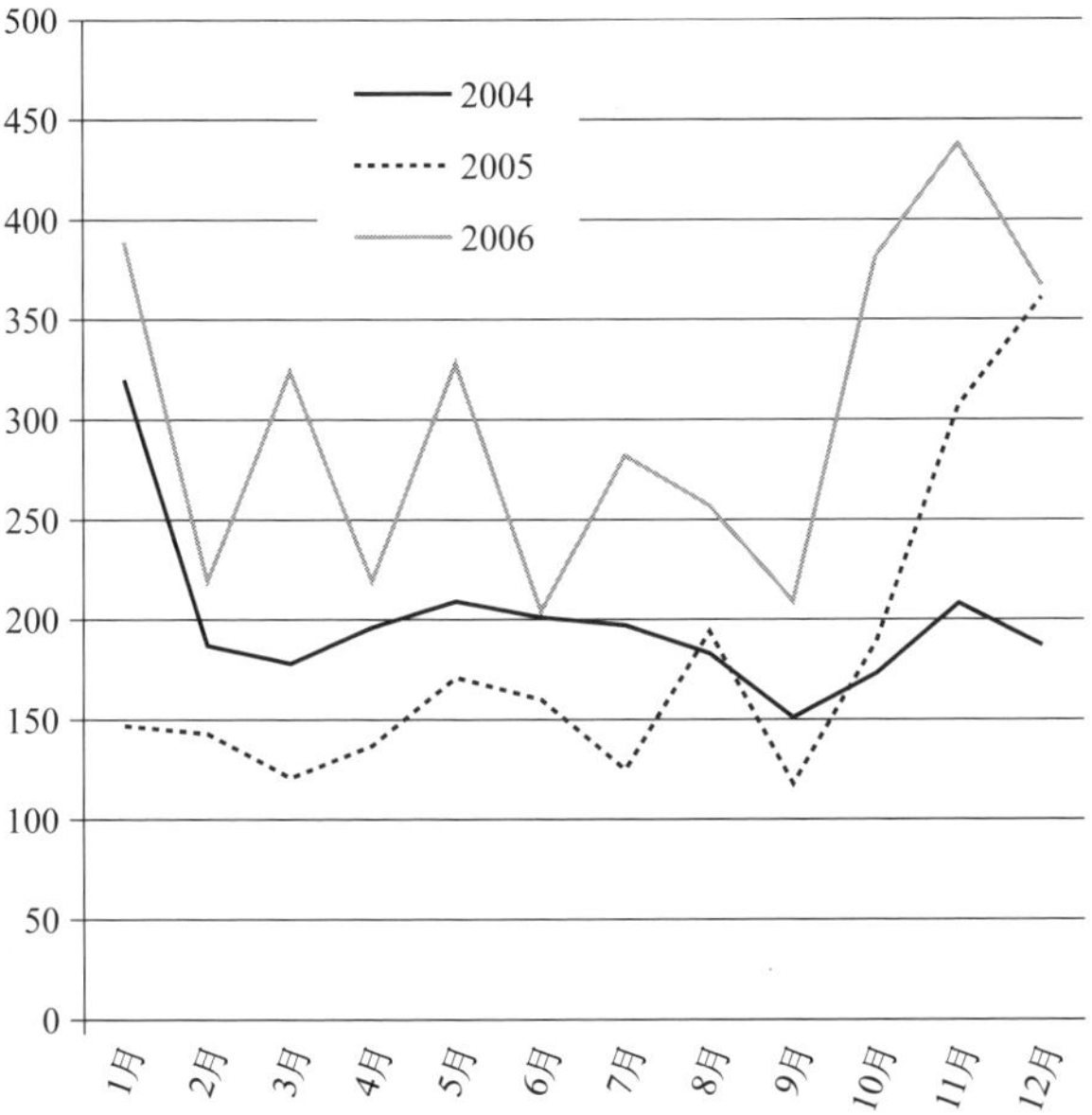

図 2-3　プランカシ HC 月別患者数推移（2004-2006）（プランカシ HC の記録を元に筆者作成）

プランカシＨＣの平均コストは四・二七セディ（うち、薬剤にかかるコストは二・七五セディ）である。コストが高くなる理由として、診察料（一セディ）やベッドの利用料（一セディ）がかかること、錠剤やカプセルを一〇錠単位で処方していることが挙げられる。薬剤の単価は、ケミカルセラーと同等かそれ以下である。ただし、プランカシＨＣのコストを額面どおりに受け取ることはできない。二〇〇四年より導入された国民健康保険に加入している者は、無料で受診し、薬剤を受け取ることができるからである。二〇〇六年度の場合、国民健康保険に加入するためには、年毎に大人一人一〇セディ（子供は一人につき＋二セディ）を払う必要があった。

二〇〇六年当時のプランカシHCでは、三ヶ月に一度、職員がイースタン州庁の置かれているコフォリデュアにある保健省の倉庫に職員が行き、処方する薬剤を仕入れていた。[30] プランカシHCには、六六種類の薬剤が保管されている。[31] これは、ガーナがエッセンシャルドラッグ政策を採用していることからすれば、極めて優秀な数字である。エッセンシャルドラッグ政策は、アフリカにおける薬剤の流通に最も影響を与えている政策である。一九七〇年代以降、WHOは薬剤の流通を統制するための薬剤政策の必要性を提起してきた。中でも、最も基本的な政策とされてきたのがエッセンシャルドラッグ政策である。

エッセンシャルドラッグ政策の目的は、流通する薬剤の種類を限定することにより、流通する薬剤とその処方の質を向上させることにある。まず、エッセンシャルドラッグと呼ばれる薬剤がリストアップされる。一般に、エッセンシャルドラッグには、特許期間が切れている安価な薬剤や副作用が弱く効果的な薬剤を中心に、二〇〇〜三〇〇種類程度の薬剤が選ばれる[WHO 1977]。流通する薬剤をエッセンシャルドラッグに限定することにより、薬剤に費やす予算を減らし、副作用の強い薬剤や気休め程度の効果しかない薬剤を市場から排除することができる。同時に、薬剤の種類が限定されることによって、処方者は個々の薬剤の特性を習熟することができ、生物医学に照らして「非合理な」処方の割合を減らすことも可能になるという［WHO 1975, 2001; GOG 2004a］。

最新のガーナ版エッセンシャルドラッグリストには、六二二種類と比較的多くの種類の薬剤が記載されているが、階層化された生物医療施設毎に保管されるべき薬剤の目安を設けている［GOG 2004b］。プランカシHCで保管されている薬剤の種類が少ない背景には、WHOと連動するガーナ政府の薬剤政策が存在している。

プランカシHCで最も頻繁に処方されているのは抗生物質（処方された全薬剤の二八・五％）であり、以下、鎮痛剤（二一・四％）、ビタミン剤（一九・一％）、抗マラリア薬（一四・七％）、咳止めシロップ（三・〇％）と続く。[32]

ケミカルセラーとヘルスセンターの相補性

同じ町の中にヘルスセンターの存在するプランカシにおいてさえ、きわめて多くの人がケミカルセラーから薬剤を入手しているという事実から、ケミカルセラーが単に病院やヘルスセンターの地理的な「空白地帯」を埋めているわけではないことが分かる。それではケミカルセラーとヘルスセンターはどのような関係にあるのだろうか。結論を先取りするならば、ケミカルセラーとヘルスセンターは異なるニーズに答える形で相補的に役割を分担している。このことは、(1)ヘルスセンターの敷居の高さとケミカルセラーの利便性、(2)ケミカルセラーとヘルスセンターで供給されている薬剤の種類の二点から指摘することができる。

病者の立場からすると、ヘルスセンターの敷居は決して低くない。平均コストは、ケミカルセラーの実に一四倍にものぼる。平日の九時以降にヘルスセンターに二時間以上滞在することは、その日、仕事にいけない可能性を示唆する。ガーナの中では、比較的裕福な地域に属するとはいえ、多くのプランカシの人々にとってこれはかなり大きな痛手である。「ヘルスセンターは高いから行かない」、「毎日働いている人は病院（ヘルスセンター）には行けない」という発言も頻繁に聞くことができる。

国民健康保険の加入者にとってコストの高さは障害にはならないが、保険の掛金も決して安くない。プランカシ・エリアにおける保険加入率（二〇〇六年一二月時点）が一三・七％であるのに対し、二〇〇六年にプランカシＨＣに来院した患者の約半数（四九・九％）が国民健康保険の加入者である。このことからも、コストの高さがプランカシＨＣの敷居を高くしていることが伺える。

それに対して、ケミカルセラーは利便性に優れている。平均コストは、大人の一食分（〇・三〜〇・五セディ）と同程度かそれ以下であり、仕事に行く前や帰ってきた後に訪れることもできる。ケミカルセラーが夕方から夜にかけて混雑しているのはこの点と関係している。また、ケミカルセラーでは、病者以外の者も薬剤を購入できるため、忙しい場合には、子供にお使いをさせることもできる。

このケミカルセラーの利便性の高さは、なぜリチャードの店が他のケミカルセラーの店と比べて繁盛しているのか、という問いに対するひとつの説明を提供してくれる。他の店が頻繁に店を閉め、店番が代わるのに対し、リチャードの店における滞在時間はずば抜けて長い。そのため、薬剤を買いに来た客が目的を達成できずに帰るケースはほとんどない。同時に、このリチャードの滞在時間の長さは、ヘルスセンターの看護師がミーティングや視察への対応、食事や風呂といった公私の用事のために、しばしば診察を中断することと明確な対照をなしている。

また、ボイCSで抗マラリア薬を含む取引の数（全取引の一・〇％）が極めて少なく、プランカシHCで多くの患者（全患者の七五・八％）が抗マラリア薬を処方されていることから、重症の場合には病者やその家族の判断により、ボイCSではなくプランカシHCが利用されていると思われる[33]。このことから、軽症の場合にはボイCS、重症の場合はプランカシHCという形での重症度に応じた役割分担が結果的に成立していると言えよう。

前節で述べたように、ガーナの病院やヘルスセンターが薬剤不足に陥らない背景には、キャッシュ＆キャリー制度の存在がある。この制度によって、病院やヘルスセンターにおける薬剤の購入資金が確保されるとともに、薬剤の不正な持ち出しが防がれている。一方で、キャッシュ＆キャリー制度を採用することは、ヘルスセンターでのコストを負担できない人から薬剤の入手先を奪うことになる。それらの人々にとって、ケミカルセラーがほぼ唯一の薬剤の入手先であることは注目に値する。この意味でも、ガーナ国内の全ての人に薬剤へのアクセスを保障するという薬剤政策の目標は、ケミカルセラーの存在なくしては達成し得ないのである。

五　〈生物医療〉の切り取り方とケミカルセラーの曖昧さ

これまで見てきたガーナ南部の薬剤の流通状況は、一見すると、政府機関によって比較的よく統制されているように見える。ヘルスセンターは薬剤不足に陥ることなく機能している。無認可の薬剤供給者がほとんどいない代わりに、政府機関に公認されているケミカルセラーがヘルスセンターを補う形で重要な役割を担っている。このような薬剤の流通状況は、アフリカに一般的とされてきた、無秩序に薬剤が販売されている状況とは一線を画している。

この薬剤政策の「成功」は、ケミカルセラーという独特の薬剤供給者の存在によって可能になっている。興味深いことに、このケミカルセラーは、序論三節で議論したような〈生物医療〉の複数の切り取り方に応じて、〈生物医療〉の一部とされたり、〈生物医療〉の外部とされたりしている。以下、このような曖昧な性格をケミカルセラーが持っていることを明らかにした上で、ガーナにおける薬剤政策の現状について再検討していこう。

準生物医療従事者としてのケミカルセラー

政府文書の中のケミカルセラー像を明らかにする際に、薬事法における規定は有効な出発点を提供してくれる。薬事法では、ケミカルセラーは「薬剤を供給する商売を行なう」者と規定されている。同時に、薬剤師には緊急時の医療行為が認められているが、ケミカルセラーには認められていない。また、処方は医師だけではなく、メディカル・アシスタントや看護師にも許可されているが、薬剤師やケミカルセラーには許されていない［GOG 1994: 9-12］。ここから、薬事法においては、ケミカルセラーにはあくまでも薬剤を販売することのみが求められており、治療を行う「治療者」や病者のために薬剤を選択する「処方者」とは異なる存在と想定されていることが分かる。つまり、薬事法の既定では、ケミカルセラーは〈生物医療〉の外側に置かれていると考えることができる。

しかし、ケミカルセラーを管轄する行政機関である薬局評議会は、明らかに商人以上の役割をケミカルセラーに求めている。例えば、二〇〇七年にケミカルセラーを対象に行われた講習会では、性感染症への対処方法について説明されている。そこでケミカルセラーに求められているのは、(1)性感染症を「特定／診断し」、(2)性感染症について説明し、(3)病院や診療所に行くように勧め、(4)病者のパートナーにも治療を受けるように勧める、という四点である［GOG 2007b: 9-19］。

特に注目すべきは、ケミカルセラーにはいかなる薬剤を売ることも求められていないという点である。性感染症に効く薬剤（例えば、カテゴリーAに属する抗生物質）を売ってはいけないことになっているケミカルセラーには、薬剤を売らずに知識のみを教授することが求められている。次に、ケミカルセラーは、「診断」という医療行為を行うことを求められているが、これは薬事法の規定からは明確に外れている。薬剤を販売せずに、診断を行い、性感染症について説明するケミカルセラーは、「薬剤を供給する商売を行う」者とはかけ離れており、むしろ、ヘルスセンターの看護師や助産師に近い存在である。ここでは、ケミカルセラーには〈生物医療〉の一部として扱われていると言えよう[34]。

ケミカルセラーを〈生物医療〉の内部の存在として、つまり準生物医療従事者と見なす態度は、ガーナの政府文書の中に散見することができる。例えば、ＧＨＳのクワエビビリム郡支局は、二〇〇五年の指針を記した文章の中で、郡内に存在する病院やヘルスセンターとともにケミカルセラーの数を記載しているが、ケミカルセラーと同様に保健省の下部組織によって管轄されている呪医や薬草師についてはまったく言及していない［GOG 2005c: 5-6］。

ここで、医師や看護師がガーナから持続的に海外に移住していることを思い出す必要がある。医師や看護師、薬剤師のみで、ガーナで暮らす全ての人々に薬剤を供給することは不可能なことはすでに確認した。同様に、例えば性感染症に関する生物医学に基づく知識も、医師や看護師だけで充分に普及できるとは考えにくい。そんな中、ケミカルセラーは病者と向き合いうる「ユニークな機会」［GOG 2007b: 17］を持っている。そのため、ケミカルセラーには薬剤供給者としてだけはなく、病気に関する生物医学的な知識を普及させることに関しても、医師や看護師の役割を補うことを期待されているのである。

この期待からは、薬局評議会による〈生物医療〉の切り取り方が透けて見える。薬剤を販売する資格を持つケミカルセラーは、薬剤師と同じく保健省の下部組織である薬局評議会によって管轄されている。薬局評議会を構成する医師や看護師、薬剤師といった生物医療従事者には、薬剤が〈生物医療〉の一部を構成するのは自明である。ならば、それを取り扱うケミカルセラーもまた、〈生物医療〉に分類されうる。法律上は単なる薬屋であり、生物医学についての体系的な教育を受けていないケミカルセラーは、いつの間にか単なる商人を越えた役割を期待されることになる。結果、ケミカルセラーという制度によって切り離された薬剤と生物医学に基づく知識は、再び同じ経路を通じて普及するように意図されることになる。ただし、ここで試みられているのは、「薬剤についての知識」ではなく、「病気についての知識」の普及である。

しかし、ケミカルセラーを〈生物医療〉の一部とする薬局評議会の切り取り方は、必ずしも当のケミカルセラーに共有されているわけではない。このことは、例えばケミカルセラーの店番に注目することで明らかになる。ケミカルセラーのライセンスは、薬剤師や看護師の免許と同じように個人に対して与えられている。そのため、ライセンスを持っていない店番による薬剤の販売は禁止されている［GOG 2007b: 1］。にもかかわらず、ライセンス保有者以外による薬剤の販売、つまり店番は日常的に行われている。

ケミカルセラーのライセンス保有者が店を離れる理由は様々だが、例えば彼らが畑に行くことは決して珍しくない。その場合、少なくとも数時間以上、保有者の兄弟や妻が薬剤を販売することになる。一週間の半分以上、ライセンス保有者がいない店もある。畑に行くことのないリチャードにしても、食事や風呂、トイレや仕入れの際には弟のティーが薬剤を売ることになる。店番はプランカシの他の様々な種類の商店でも一般的に行われており、ケミカルセラーの店番もそれらの商店と同じである。この意味で、ライセンス保有者は純粋な商人として、薬局評議会の期待からずれている[35]。

仮に、ライセンス保有者自身は薬局評議会が期待するとおりに、生物医学を普及する教育者の末端としての役割を果たしていたとしても、同様の役割を講習会に出ていない家族にも求めることはできない。このように、「準生物医療従事者であれ」というケミカルセラーに対する期待は、「店番」というありきたりの実践によって、部分的に裏切られているのである。

ケミカルセラーを取り締まること

これまで述べてきたように、商品名や物質名を告げて薬剤を購入する顧客と対峙するとき、ケミカルセラーは単なる商人となっている。ケミカルセラーは商人以上の役割を政府機関から期待されているが、ケミカルセラーの「店番」という商人的な実践は、この期待を裏切るものである。

一方で、ケミカルセラーは、単なる商人から逸脱し、「処方者」として振舞うこともある。例えば、ボイCSでは、「ボディ・ペインズ Body Pains」という独特の薬剤の組み合わせが人気となっている。ボイCSで、「ボディ・ペインズ」と言うと、それは単純に「身体の痛み」という症状を意味するわけではない。それは、基本的には、デキサメタゾン（Dexamethasone、抗アレルギー剤）、イブプロフェン（Ibuprofen、解熱鎮痛剤）、インドメタシン（Indometacin、解熱鎮痛剤）、ピロキシカム（Piroxicam、解熱鎮痛剤）、マルチビタミン（Maltivitamin、ビタミン剤）の五つの薬剤の組み合わせを意味する。ただし、この中の特定の薬剤が売り切れた際には、パラセタモール（Paracetamol、解熱鎮痛剤）やプレドニゾロン（Prednisolone、抗アレルギー剤）といった他の薬剤が組み合わされることもある。これらの薬剤の特徴として、単価が安いことが挙げられる。ボディ・ペインズは最低〇・〇五セディ（一錠づつ五種類）から販売されている。同様に、症状を告げる客に、薬剤を選んであげることは稀ではない。また、病者が子供の場合には、「トイレに行ったか？」、「咳はしているか？」という風にリチャードのほうから質問することも多い[36]。「何でもいいから薬をくれ」と言う客をリチャードがたしなめる場面もあった。

写真 2-2　ケミカルセラーのカウンターの下にある箱には一錠単位に切り分けられた薬剤が雑然と並べられている。2006 年 11 月撮影。

ケミカルセラーが「処方者」として振舞うことは、薬事法の既定から鑑みるならば、自らを〈生物医療〉の内側に位置づける行為である。だが、同時にそれは〈生物医療〉に含まれるとされる要素間の関係に明確な齟齬を持ち込むことになる。生物医学に基づく病気や身体、薬剤に関する知識と乖離して薬剤が流通していることを意味するからだ。生物医療に関する体系的な教育を受けていないケミカルセラーによる薬剤の選択は、生物医学に基づいていることが保証されていない。ケミカルセラーが、カテゴリーC以外の薬剤を販売することが許されていないことは、知識と薬剤の普及のズレを最小限に留めるための措置と考えられる。しかし、ケミカルセラーによるカテゴリーCに含まれない薬剤の販売は常態化している。

一九九八年に実施されたケミカルセラーに対する講習会で使用されたパンフレットによると、すべての抗生物質はカテゴリーCには属してい

表 2-1　ケミカルセラーの位置付けの複数性

視点	位置づけ	〈生物医療〉との関係
薬事法	薬剤商人（販売者・非処方者）	外側
薬局評議会	（知識を伝達する）準生物医療従事者	内側
ケミカルセラー	薬剤商人（店番可能な商人）	外側
	処方者（生物医療従事者）	内側

ない［GOG 1998: 20-26］。カテゴリーCに属さない薬剤の販売は、講習会においてしばしば戒められている［GOG 2007b: 1,7］にも拘らず、アモキシリン（Amoxicillin）やクロラムフェニコール(37)（Chloramphenicol）、オキシテトラサイクリン（Oxytetracycline）といった抗生物質は、他の薬剤と同じように仕入れられ日常的に販売されている。

ケミカルセラーによる抗生物質や注射の販売という違法行為は、政府機関の報告書の中でも言及されている［GOG 1999: 24］。にも拘らず、それに充分に対処されているとは言いがたい。薬局評議会が、ケミカルセラーによる薬剤の販売実践を充分に統制できない理由は、おそらく二つある。

まず、薬局評議会がケミカルセラーの数を把握できていないことからも分かるように、薬局評議会には全てのケミカルセラーを取り締まるだけの能力を有していない。

次に、現時点では薬局評議会の取り締まりは、無認可の薬剤供給者に向けられている。ケミカルセラーに対する取り締まりを強化し、違反者のライセンスを剥奪していくことは、当然のことながらケミカルセラーの減少につながる。ケミカルセラーの減少は、二つの帰結をもたらしうる。四節で明らかにしたように、ケミカルセラーは特に農村部においては、薬剤供給者として重要な役割を担っている。そのため、ケミカルセラーの減少は、ヘルスセンターや病院を利用できない人々の薬剤の入手先を奪うことになりうる。しかし、より現実的な帰結は、無認可の薬剤供給者の増加であろう。

ケミカルセラーによる薬剤の仕入れや販売を常に監視することができない以上、薬局評議会は、ケミカルセラーによる違法行為を黙認するか、無認可の薬剤供給者の存在を黙認するか、のどちらかを選ぶしかない。つまり、無認可の薬剤供給者を取り締まり、ケミカルセラーという独特の薬剤供給者の存在を維持するのならば、ケミカルセラーによる違法行為は黙認せざるを得ないのである。

政府機関によって薬剤の販売が許可されている公式の薬剤供給者でありながら、日常的に違法行為を行い、更にその違法行為を取り締まることが極めて困難な位置に立つケミカルセラーは、半ば法律の枠から抜け出ているような存在である。ケミカルセラーにカテゴリーC以外の薬剤の販売を禁止することによって、薬剤と薬剤に関する生物医学に基づく知識の浸透のズレを最小限に留めようとする政策上の意図は、このようなケミカルセラーの性格によって事実上完全に無効化されている[38]。

本節の冒頭で述べたように、ガーナ南部の薬剤政策は比較的成功しているように見える。ヘルスセンターは充分に機能し、無認可の薬剤供給者は稀である。ケミカルセラーによって、薬剤は充分に供給されている。ガーナの薬剤政策の目標、「ガーナ国内の全ての人に、効果的で安全で入手可能な良質な薬剤へのアクセスを保障する」[GOG 1999: 1] こと、は見事に達成されているかのようである。三節と四節を通じて記述してきたように、この成功はケミカルセラーの存在なくしては達成し得ない。この意味で、扱える薬剤の種類を限定する代わりに、資格の取りやすいケミカルセラー制度そのものは、薬剤政策の目標を達成するために大きな貢献を果たしている。しかし、ケミカルセラーによる違法行為は常態化しており、実質的には無認可の薬剤販売者による薬剤販売実践と大差ない。この背景には、〈生物医療〉の切り取り方によって、その内部にも外部にも容易に位置してしまうケミカルセラーを運用することの難しさがある。効果的で安全な薬剤へのアクセスを保障するという薬剤政策の目標は、ケミカルセラーによる薬剤販売実践を充分に統制できないことを運命付けられながら、達成されているのである。

六　小結

本章では、薬剤が生物医学と緊密に結びつけられている欧米や日本の状況やアフリカで一般的とされている無秩序に薬剤が販売される状況と比較しながら、ガーナ南部における薬剤の流通状況の特異性を明らかにしてきた。以下、ガーナ南部における装置としての生物医療のあり方を明らかにするという序論で設定した問題意識に即して、本章で明らかにしてきたことを整理しておこう。

まず、ガーナ南部では、アフリカのその他の地域についてのこれまでの報告と同様に、薬剤はよく普及しており、かつ、部分的に生物医学と切り離されて流通している。この状況の成立に決定的な役割を果たしているのが、ケミカルセラーというガーナ特有の薬剤供給者の存在である。ケミカルセラーは他の薬剤供給者よりも圧倒的に多く、また、ヘルスセンターよりも多くの顧客に薬剤を供給している。しかし、彼らは生物医学についての体系的な教育を受けていない。

ケミカルセラーという薬剤供給者を独自のやり方で資格化することは、一見すると、互いに矛盾しうる二つの政策課題――〈薬剤を供給すること〉と〈薬剤の流通を統制すること〉を同時に満たしているように見えるが、現実には後者の課題は充分に果たされていない。ケミカルセラーの販売する薬剤を限定し彼らを商人と想定することによって、ケミカルセラーの資格化によって生物医学と乖離した形での薬剤の流通が必然的に増大することは覆い隠されてはいる。しかし、現実にはケミカルセラーの状況依存的な性格とそれを取り締まることの不可能性は厳然と存在している。にもかかわらず、ケミカルセラーの重要性が維持されている背景には、国際的な生物医療従事者市場やガーナ政府の薬剤政策といった構造的な要因がある。生物医療従事者を標準化するための教育・資格制度の普及を前提とする生物医療従事者の「頭脳流出」や、キャッシュ&キャリー制度の採用によって、生物医療従事者のみで薬剤を普及することが困難な状況が作られている。

ここから見えてくるのは、生物医療従事者の資格化、生物医療従事者、薬剤という三者の普及をめぐる複雑な相互関係である。生物医療従事者の資格化は、ガーナ国内における生物医療従事者数の増大を妨げる可能性を内包している。生物医療従事者の不足を補う形で、ケミカルセラーが薬剤の普及に重要な役割を果たしているが、このケミカルセラーは生物医学に関する体系的な教育を受けていない。結果、生物医療従事者による薬剤の独占が保障されなくなっている。このことは、生物医療従事者の役割もまた部分的に変容していることを意味している。

生物医療的な要素の特性がそれ単体としてではなく、要素間の関係にも依存しているならば、特定の薬剤の流通状況の下では、薬剤だけではなく、生物医療従事者や生物医学もその状況に相応する特性を持つことになる。ガーナ南部の場合は、それが生物医療従事者による薬剤の独占の崩壊であり、薬剤の生物医学からの部分的な離脱である。

同時に、ガーナ特有の薬剤商人であるケミカルセラーには、単なる商人以上の役割——病気についての生物医学的知識を普及するという役割——が期待されてもいた。このことは、生物医療的な要素間の関係にズレや断絶が存在する一方で、生物医療的な要素間の結び付きが、薬局評議会の活動を通じて現実化され続けていることも意味している。

システムとしての「生物医療」という枠組みを用いるならば、このような状況を「ガーナにおける『生物医療』が現地社会と相互作用することでいかに土着化しているか」という形で理解できるかもしれない。確かに、ケミカルセラーが当該地域で一般的になされている店番を行うことによって、薬剤と薬剤についての知識の乖離が生じているという点については、「生物医療」と現地社会の相互作用という枠組みで理解することも可能であろう。

しかし、本章で明らかにしてきたように、ガーナ南部に特有の生物医療的な要素間の関係は、多くの場合、ガーナの農村社会の特徴によってというよりは、むしろ、生物医療的な要素そのものの特徴に起因している。生物医療従事者の世界的な標準化にしても、薬剤が生物医学と離脱して流通しやすいことも、それ自体はガーナの特徴とはいえない。しかし、それらの生物医療的な要素の持っている特徴は、ガーナ特有の薬剤流通に極めて大きな影響を与えている。

あるいは、システムとしての「生物医療」を前提とするならば、ガーナでは「本来結び付いているはず」の生物医療的な要素が分断されている、つまり、「システムとしての『生物医療』が断片化している」というふうに説明できるかもしれない。しかし、薬局評議会によるケミカルセラーへの働きかけを見るならば、むしろ、バラバラに存在している生物医療的な要素間の関係を結び付け続けようという様々な対策がなされていることが分かる。個々の要素が緊密に結びついているシステムとしての「生物医療」の存在をアプリオリに前提としていると、それを（部分的にでも）現実化させようと試みる様々な企図の存在を見逃してしまうことになりかねない。本書で、個々の生物医療的な要素のあり方とその関係性を追うことでしか、「生物医療」と呼び倣わされてきた対象について明らかにできないと繰り返し主張している理由のひとつはここにある。

それでは、生物医学と部分的に離脱して流通しているのならば、薬剤はどのような論理によって理解され、使用されているのだろうか。次章では、この問いを出発点として、当該地域の装置としての生物医療がどのように人々の行為や認識、態度を複数の方向に同時に導いているのかについて記述を続けていく。

註

（1）もっとも、ガーナにおいて、外部から持ち込まれたモノが好んで使われるのは、薬剤が使用されるようになるよりもはるか以前から続いている傾向である［織田 二〇一一：一一四－一二〇、一四九－一五〇］。

（2）医療人類学では、病気にかかっている人を病者（sick person）と呼び、その中でも生物医療の対象となっている人を患者（patient）と呼び、緩やかに区別する。

（3）pharmaceuticals の訳語として「医薬品」ではなく「薬剤」を採用したのは、日本の法律用語として定義された医薬品と本書で議論していく pharmaceuticals は必ずしも同一の対象を指さないからである。

（4）ある化学物質の効果を判定するときに留意されているのがプラセボ効果の存在である。プラセボ効果とは、糖やでんぷんといった生物医学では効果がないとされる物質を摂取した際に症状が改善することを指す。このような現象がなぜ起こるのかについては議論がある［廣瀬 二〇〇一］がはっきりしたことはわかっていない。

（5）薬剤の開発過程には生物医学以外の論理も入り込んでいる。例えば、薬剤の特定の効果が正当な効果と見なされるか副作用と見なされるのかを決めるのは、生物医学そのものと言うよりは、ターゲットの決定と関わる疾病構造や製薬会社の経営戦略である。また、国家は、特定の薬剤の効果と副作用を照らし合わせて承認するかどうかを決定するが、これも純粋に生物医学に依拠しているというよりは政治的な判断と考えるべきだろう。

（6）もっとも、新薬の副作用はしばしば見過ごされており、副作用の発見に一〇年以上かかることもある［別府 二〇〇二：一八］。

（7）しかも、実際には独自に薬剤の安全性を評価している国家は数えるほどしかない。その他の国は、処方制度の整備されているアメリカに追随している［メルローズ 一九八七（一九八二）］。

（8）当時の反応に関しては、以下の著作を参照せよ［シルヴァーマンとリー 一九七八（一九七四）：WHO 1975：イリッチ 一九九八（一九七六）：メルローズ一九八七（一九八二）］。

（9）論者達は、この研究動向を薬剤の人類学（anthropology of pharmaceuticals）と標榜している。主要な業績としては、二つの論集がある［van der Geest and Whyte（eds.）1988; Etkin and Tan（eds.）1994; see also, van der Geest et al. 1996; 浜田 二〇〇六］。薬局に関しては以下の論稿［Cunningham 1970; Wolffers 1987; Igun 1987; Ferguson 1988; Logan 1988（文献一覧になし）］を、無認可の薬剤供給者に関しては以下の論稿［van der Geest 1982, 1988; Whyte 1992; Bierlich 1999］を、薬剤が使用される際の論理については以下の論稿［Whyte 1988; Etkin 1994; Nichter 1980; Bledsoe and Goubaud 1988; Senah 1994; Logan 1973; Hardon 1994］をそれぞれ参照せよ。なお、九〇年代のガーナの薬剤をめぐる状況についてはセナのまとまった研究がある［Senah 1999］。
また、それまでとは若干毛色の異なる研究として二〇〇六年に編まれた論集がある［Petryna, Lakoff and Kleinman（eds.）

2006]。感覚的な話になるが、この論集以降、薬剤を対象に含めることは医療人類学の通常業務として認知されるようになり、あえて「薬剤の人類学」という下位分野を標榜する必要性がなくなったように思える。

(10) もっとも、すべての人類学者にその傾向がまったくなかったというわけでもない。この点については三章で再度論じる。

(11) 先述のように、ガーナ北部では無認可の薬剤供給者は一般的に見られるという報告がある［Bierlich 1999: 323-330］。現在でも、ガーナ北部では、薬剤を販売する行商人が頻繁に見られるという［清水郷美 p.c. 二〇〇六年一一月］。このような南北間の差異が起きる理由として、公式の薬剤供給者の配分や人口密度、収入の多寡、薬局評議会による取締りの頻度などが背景にあると考えられる。

(12) 調査は全国の四九の生物医療施設を対象に複数回答式で行なわれている。その他の薬剤の入手先としては、ミッション系の倉庫が四％、倉庫以外が三五％となっている。また、利用率は四二％強とやや下がるものの、私立の病院やヘルスセンターも保健省の倉庫を利用している［GOG 1999: 27-28］。

(13) 倉庫を通じた薬剤の供給は、後述するエッセンシャルドラッグ政策の一環として、一九七〇年代後半よりＷＨＯによって推奨されていた［WHO 1975］。

(14) 構造調整政策がアフリカ諸国の医療状況に与えた影響については、ターシェンの著作［Turshen 1999］に詳しい。ただし、ターシェンの分析の大部分は、さほど民営化の進んでいないガーナには妥当しない。

(15) ニョネイター達の調査によると、個々のヘルスセンターや病院では、実際にはより高値で薬剤が販売されているという［Nyonator, Asare, and Tayvia 2001］。

(16) もっとも、「ガーナでは薬剤の不正な持ち出しがまったくない」とは言い難い。私自身も薬剤の不正な持ち出しと疑うに充分な行為を何度か目撃している。

(17) 薬局とケミカルセラーの数字はいずれも二〇〇五年一二月当時。薬局評議会提供。

(18) 独立直前のゴールドコースト法［Government of Gold Coast 1946］に言及がなく、独立直後の薬事法［GOG 1966］には現在とほぼ同じ形で制度化されていることから、ケミカルセラー制度はガーナ独立時に導入されたと考えられる。ただし、制度の導入や運用の変遷に関してどのような議論がなされたのは、現段階では明らかにできていない。

(19) この点を含めた、ケミカルセラーの法律違反については本章五節で詳述する。

(20) ボイＣＳで販売されている薬剤の実に六一・五％がガーナ国内で生産されたものである。以下、インド（二〇・五％）、中国（三一・四％）、イギリス（三・四％）、ドイツ（一・七％）と続く。ただし、他国で製造された中間生産物を輸入したうえで、最終加工のみがガーナ国内で行われている可能性もある。

(21) 本書では、植物や動物などの自然物を主原料とするシロップや軟膏、錠剤、カプセルを「ハーブ加工品」と総称する。このハーブ加工品は、ケミカルセラーに多く見られる一方で、ヘルスセンターにはほとんど置かれていない。
(22) ススは定期的に貨幣を拠出することで貯蓄する方法の総称である。詳細は四章で述べる。
(23) 一方で、ヘルスセンターで働く二〇代半ばの看護師の女性は、「マダム」と呼ばれており、少なくともケミカルセラーと同程度の敬意を集めていることが伺える。
(24) サスペンションの一本あたりの価格は〇・五～一・六セディと高い。これを含む取引（全体の六・三％）を除いた取引の平均コストは〇・二一セディまで下がる。
(25) ここでいう「風邪薬」とは、複数の鎮痛性の化学物質からなる配合薬のことである。
(26) ヘルスセンターでは二四時間以上の収容は許可されておらず、長期の収容が必要とされる場合には入院設備のある病院に移送することになっている。
(27) これは、アメリカに出稼ぎに行っているプランカシ出身者の組織が寄付したものである。
(28) 利用者数が増加している背景には、後述する国民健康保険の普及がある。この点については四章で詳述する。
(29) プランカシＨＣにおける滞在時間と診察時間は、二〇〇六年一二月に一〇日間に渡って一八四人の患者を対象に収集した。二四時間患者が訪れうるというヘルスセンターの特性上、データの収集は、朝の七時半から診察を待つ患者がいなくなる午後一時から三時までの間に行なった。また、診察時間が比較的長くなる理由については三章で述べる。
(30) 患者数の増加した二〇〇七年以降は、毎月、発注した薬剤を倉庫の職員が届けるという形に変更されている。
(31) プランカシＨＣにおいても、保管されている薬剤の六一・五％がガーナ国内で生産されている。以下、インド（一六・九％）、イギリス（六・二％）、ベルギー（四・六％）、ドイツ（三・一％）と続いている。
(32) 処方された薬剤についての調査は二〇〇六年一二月に一二〇件の診察を対象に行った。
(33) ただし、三章で後述するように当時のプランカシＨＣはマラリアの確定診断を行う環境になく、このことが抗マラリア薬の処方率を上昇させている可能性は否定できない。
(34) ただし、ここでのケミカルセラーの〈生物医療〉への包含は限定的なものでもある。例えば、ケミカルセラーは、日常的に顧客に注射をし、注射器を販売しているが、その際に、必ずしも血液感染に対するケアが充分になされているとはいえない。にもかかわらず、薬局評議会の講習会では注射の取り扱い方については説明されていない。ケミカルセラーによる注射行為や注射器の販売は明確な法律違反だからである。ケミカルセラーが「生物医療従事者として」ではなく、「準生物医療従事者として」扱われているという表現を用いているのはこのためである。

（35）一定数の顧客が店番からも薬剤を購入していることから、ケミカルセラーの店番が法律違反であることは、一般の人々にはあまり知られていないようである。この背景には、〈「個人」が店を営む資格を所有する〉という考え方自体がさほど一般的ではないことがあると推測できる。

（36）これらの事例からもわかるように、ケミカルセラーは日本で風邪薬を販売するドラッグストアとは異なり、客が選んだ薬剤のみを売っているわけではない。

（37）クロラムフェニコールは、世界初の多スペクトル型抗生物質であり、多くの病気に効果を持つ。一方で、一度でも服用すると慢性的で不可逆的な貧血になるという重大な副作用を持ち、特に小児への投薬は避けるべきとされる。現在は、髄膜炎やリケッチア感染症といった生命を左右する感染症にのみ処方されるべきだとされている［Brunton, Chabner and Knollman (eds.) 2011: 1526-1529］。

（38）ただし、三章で検討するように、プランカシにおける薬剤についての知識は先行研究で指摘されてきたように劇的に生物医学と異なっているわけではなく、その差はより曖昧でより微細である。人々は薬剤の箱の但し書きを読むこともあるし、個々の薬剤が何に効くとされているのかについてはそれなりによく知っている。

三章　行為とモノからなる装置と医療に関する知識

薬剤を対象とする人類学的研究において、二章で検討したような薬剤の流通に関する研究と共に盛んに行われてきたのが、薬剤がどのように認識され使用されているのかを検討する研究である。本章ではこの論点を少し広げ、薬剤の存在がどのように人々の健康や病気に関する認識や態度を方向づけているのかを明らかにしていく。つまり、薬剤についての知識だけではなく、健康や病気についての知識が薬剤との関連でどのように形成されているのかを明らかにしていく。

その際に本章では、先行研究の理論的枠組みの問題点を確認した上で、薬剤と知識の関係について議論する際の新しい枠組みを提示していく。まず、先行研究を振り返りながら、薬剤が「生物医療」と現地社会のどちらの論理に従って使用されているのかを問う二者択一的な議論の限界を指摘する。次に、薬剤が現地社会の既存の論理で読み換えられるという発想の前提にある言語観を批判した上で、薬剤によって当の論理自体が組み換えられる可能性を示す。最後に、行為とモノからなる装置に注目することで、特定の名称で指し示される対象がそれぞれ一定の持続性を持って現実化することで、複数の意味が共存する状況が作られていることを明らかにする。これらの作業を通じて、西アフリカにおける医療に関する知識を捉えるための代替的な枠組みとしての装置論の有効性を示すことが本章の目的である。

一　西アフリカにおける薬剤と治療の意味

薬剤が使用される際の「我々」と「彼ら」の論理

アフリカにおいて薬剤がどのように意味づけられ、使用されているのかについての研究では、薬剤が生物医学とは異なる論理に従って使用されているという主張が繰り返しなされてきた。中でも最も頻繁になされてきたのが、薬剤はその外形的な特徴に基づいて読み換えられているという主張である。つまり、アフリカにおける薬剤は、「異質な要素によって構成されているもの」としてのハイブリッド［Kapchan and Strong 1999; 大杉　一九九九：一一五－七〇：Strathern 1999: 117-135］として扱われてきたといえる。薬剤は、「生物医療」と現地社会という二つの総体のハイブリッド、つまり、「本来的に『生物医療』に属しているが、その意味は文化に属している何か」であるというのである。

例えば、ブレッドソエとグボードはシエラレオネのメンデの人々の薬剤についての知識が薬剤の色と関係していると主張している。彼らによると、白い薬剤は下痢に効き、赤い薬剤は血液に効くとされている。また、マラリアに罹ると尿が黄色くなることから、黄色い薬剤はマラリアに効くとされている［Bledsoe and Goubaud 1988: 264-265］。同様に、一九九〇年代初頭にガーナ海岸部のガ（Ga）の人々の薬剤についての知識を研究したセナは、薬剤の大きさ・味・色と薬剤の効果が結びつけられて理解されていると報告している。カプセルや非常に小さい薬は強力であるとされ、子供には甘い薬剤が、大人には苦い薬剤が有効であるとされる。黄色や緑の薬剤はマラリアに有効であり、赤や茶がかった薬剤は血を増加させる［Senah 1994: 91-92］。

彼らの研究は、薬剤が生物医学とは異なるやり方で理解されていることを鮮やかに描き出している。前章一節で述べたような、薬剤を化学物質として理解する生物医学の論理と薬剤の外形的な特徴に基づいて理解する論理は対照的ですらある。しかし、生物医学の論理に従っている「私たち」とそうではない「彼ら」の差異を過度に強調することは、当該地域で暮らす人々を「伝統」と「土着」の中に閉じ込められた人々として表象する危険をはらんでいる〔スペルベル 一九八四：浜本 一九九六〕ばかりか、単純に事実誤認に繋がる可能性がある。[1]

この点について、赤い薬剤を例にとって考えてみよう。[2] プランカシで入手できる赤い薬剤は、マルチビタミン、葉酸（folic acid）、フェラス・サルフェイト（ferrous sulphate）、ピロキシカム（piroxicam）の四種類である。このうちピロキシカムは、ガーナ版のエッセンシャルドラッグリストに載っていない比較的マイナーな鎮痛剤であるが、それを除く三種類の薬剤は人々が「血の薬 *modja duru*」と呼ぶ薬剤であり、血を増加させると考えられている。[3] しかし、赤い薬剤が血と同じく赤いから血を増加させると考えられていると結論づけるのは拙速である。

人々が、生物医学の論理にある程度通じていると仮定してみよう。血の薬と呼ばれている三種類の薬剤の中で、葉酸とフェラス・サルフェイトは貧血に効果があるとされる。また、マルチビタミンは、例えば妊婦に対して葉酸と共に無料で処方されており、葉酸と比較的近い形で服用されている。つまり、赤い薬剤は血と同じ色だから血を増加させると考えられているのではなく、単純に血を増加させるような効果を持っていると考えられている薬剤が（故意か偶然かは別として）赤い可能性もある。

ブレッドソエとグボードやセナに代表される薬剤についての知識に関する研究は、生物医学の論理に慣れ親しんでいる私たちとは劇的に違う形で、薬剤の効能が理解されていることを見事に示している。だが、生物医学を相対化しようという意図を持っている彼らは、赤い薬剤がいったい何なのかをほとんど問題にしない。そのため、赤い薬剤が「赤い」故に血液に効果があるのか、血液に効果のあると考えられている薬剤が「たまたま赤かった」

だけなのかについては沈黙したままである。まるで、当該社会で暮らす人々は、個々の薬剤についての生物医学に基づく説明をまったく知らないかのように描かれる。[4] しかし、少なくともプランカシで暮らす人々の多くは薬剤の名前やそれが生物医学でどのような効果をもっているとされているのかをよく知っている。

薬剤が単純に外形的な特徴に基づいて読み換えられているわけではないことは、薬草についての知識と比較することからも指摘できる。プランカシで暮らす人々の多くはそれぞれに数種類の薬草を知っており折々に使用している。ウィサ（*wisa*）など多くの人々に知られ、服用されている薬草がある一方で、主として世帯内で使用される薬草についての知識は家族関係を通して継承される。しかし、人々は必ずしも薬草の名前を覚えているわけではなく、「見ればわかるが名前は知らない」という場合も少なくない。この意味で、薬草についての知識はその外形的な特徴という具体性と強く結びついている［レヴィ＝ストロース 一九七六（一九六二）］。

それに対して、薬剤についての知識は薬剤の名称やカテゴリーという抽象的な知識と強く結びついている。例えば、プランカシでは、ジェネッリック薬[5]の普及している現在においても、メトロニダゾール（metronidazole）やコトリマゾール（co-trimoxazole）は、現在の商品名や一般名ではなく、かつての商品名（フラジール fragyl やセプトリン septrin）で呼ばれ続けている。同時に、複数の鎮痛剤の配合された配合薬は、その商品名がラジオで頻繁に宣伝されており、売れ筋となっている。[6] また、人々は「血の薬」や「虫の薬 *sonson duru*」、「マラリアの薬」といったカテゴリーに基づいて薬剤を理解している。前章で取りあげた、ボディ・ペインズもそのようなカテゴリーのひとつである。[7] ここからわかるように、プランカシの人々にとって、薬剤についての知識として重要なのは、その外形的な特徴ではなく、それがどのような名前で呼ばれるどのような種類の薬剤かということである。

以上のことから、アフリカにおいて薬剤が外形的特徴に基づいて読み換えられてきたという主張は、現在のプランカシには必ずしも妥当しないことが分かる。換言するならば、プランカシにおける薬剤は、現地社会と「生物医療」のハイブリッド、少なくとも「中身は『生物医療』だが意味は現地社会」というような単純なハイブリッドではない。むしろ、人々は生物医学に従って薬剤を使用しているのか、それともまったく異なる論理に従っているのかという二者択一的な議論では捉えきれないより曖昧で繊細な状況がそこにはある。薬剤は生物医学の論理と関係しながらも、それとは微妙に違う形で使用されているのである。

知識の可塑性を認めること

このような先行研究に対する疑義は、薬剤が「彼ら」の論理に従って理解されているという主張に内包されていたモノと知識の関係についての特定の前提を見直すことに繋がる。その前提とは、モノはそれについての知識と切り離されて移動し、当該地域の既存の論理に従って理解されるという前提である。つまり、モノは容易に移動するが知識は容易には移動しない、あるいは、新しいモノが流入してもそれを理解する論理自体は変化しないという前提である［Appadurai 1988］。これまで述べてきたように、薬剤が「彼ら」の論理に従って理解されているのではないとしたら、この前提自体を見直す必要がある。つまり、薬剤を理解する際に用いられる既存の論理なるものは、それほど確固としたものではなく、より流動的なのではないか。

西アフリカにおける医療に関する知識について、その流動性を早くから指摘していたのがマリー・ラストである。ナイジェリア中部の都市、マルンファシの医療状況について調査したラストは、当該地域において医療に関する知識が共有されていないことを指摘し、その背景に病者や治療者の「知ろうとしない」態度があることを明らかにしている［Last 2007（1981）］。

ラストによると、マルンファシには異なる時期に導入された三つの医療がある。「ハウサの伝統的な医療」と「イスラムの医療」、「生物医療」の三つである。その上で、すぐさまラストは「伝統的な医療」をシステムと考えることを否定する。「伝統的な医療」には、⑴治療に関する一貫した理論を共有している集団がなく、⑵治療を利用する人々も治療者に集合的な一貫性を求めておらず、⑶治療者の間にすら一貫した用語が存在しない、という三つの理由から、首尾一貫した医療理論の構築が不可能だからである［Last 2007（1981）: 5-8］。

このような状況が維持される背景にあるのが、秘密と疑念の二つだとラストはいう。治療者は商売上の秘密を守るために自分のやり方について多くを語らない。同時に、病者も親しい親族を除いては病気について言及しない。病気について話すことは自分の弱点を晒すことであり、妖術師に付け入る隙を与えることになるからだ。都市化を通じて親族の連帯が弱まることにより、ますます秘密を明かす相手は減り、病気は個人的に対処するものになっている。同時に、憑依や治療に対する疑念――いかさまなのではないかという疑念――がマルンファシでは一般的になっている。そのため、病者は治療者に処方された薬を飲まなかったり、次々と治療者を変えたりする。病気や治療についてよく知らず、治療者を疑いながらも治ることを求める病者が、評判のいい万能薬や新しいタイプの治療のやり方に飛びつくことで、治療の流行り廃りが繰り返される。治療者にしても、商売上の秘密によって守られているために、さほど熟練していない新しいタイプの治療にいつでも鞍替えすることができる。このような状況では、誰もが医療に関する断片的な知識しか持っておらず、病気についての理解は常に暫定的なものとなる［Last 2007（1981）: 8-11］。

ここでは、治療者の秘密主義、妖術への恐怖、都市化に伴う個別化、治療者への疑念、多様なバックボーンを持つ治療の存在が装置を形作ることによって、ひとつの医療行為や医療用語についての見解が一致することなく、流動的に揺れ動く状況が継続的に作り出されている。このような状況下では、薬剤を読み換える際に人々が用いることのできる「既存の論理なるもの」は、それほど確固とした形では存在しないことになる。

ならば、具体的にどのようにして人々は薬剤を理解し、使用しているのだろうか。残念ながら、この問いにラストは応えてくれていない。ラストの論稿は、医療用語の意味の複数性が生み出される構造を明らかにする一方で、具体的に個々の医療用語がどのような状況の中でどのように使用されているのかについてはまったく言及していないからだ。確かに、個々の医療用語の意味が流動的であるならば、その意味を互いに首尾一貫するように確定していくことは、困難なだけでなく無意味なようにも見える。医療用語の意味の複数性を生み出す構造を分析することで満足するというラストの選択もひとつの可能性としてはありうるだろう。だが、たとえ、共通理解がなく移ろいやすいものだったとしても、それが直ちに「何でもあり」であることを意味するわけではない。ひとつの医療用語が複数の意味を持ちうるならば、そこにはどのような偏差があり、その偏差は何に由来しているのか、医療用語の意味がどのような条件の中でどのように揺れ動いているのかに肉薄していく必要性はいまだ残されたままである。

以下、本章ではこの点について考察を深めていくが、その際に追及していくのが、モノの存在がそれを理解する際の論理の一部を構成している可能性、あるいは、新しく導入されたモノによって論理自体が組み換えられる可能性である。この可能性を追求することで、序論で提示した生物医療的な要素からなる装置によって人々の認識や態度が方向づけられていることを例示することが本章の目的である(8)。

二　モジャとアポム・ディンの複数性を考える

モジャ・デュルからモジャを理解する

二〇〇六年、プランカシで本格的な調査を始めた私は、当時中学生になったばかりのエスタ（女）をアシスタントとして雇い、世帯調査を行っていた。あるとき、体調を崩し（本人は英語でマラリアだと言っていた）二一～三日寝込んだエスタは元気になってから一週間ほど経って、ハーブ加工品を買ってきた。

それを見た私は、あからさまな不快感を示しながら、なんでそんなものを買ってきたのかと詰《なじ》った。彼女の役に立つことを期待して支払っていた日当が「そんなもの」のために使われたことが、不快だったのだ。それに対し、彼女は私に反論した。「私は病気になってから弱くなってしまった。病気になる前みたいに強くなりたい。この薬を飲めば強くなることができる。だから、私にとってはこれでいいの」、と。更に、その薬を飲めば強くなれるって誰が言ったの？　と詰め寄る私に、彼女は「チーフ（当時のプランカシ・ヘルスセンターの主任看護師のこと）が言っていた」と答えた。

その時は、チュイ語がほとんどしゃべれなかったこともあり、そんなものかとやり過ごしたが、今思えば、これが私と〈からだを強くする〉薬の最初の出会いだった。

後に分かったことだが、ここでエスタが買ってきたハーブ加工品はチュイ語で「モジャ・デュル（血の薬）」と総称される薬のひとつである。モジャ・デュルは、継続的に服用することによって「アポム・ディン（強い身体）」になることができると考えられており、そこには、エスタの買ってきたハーブ加工品だけではなく、薬剤や薬草も含まれる。ざっと列挙してみよう。妊婦のプリセラは、ヘルスセンターの助産師から無料で処方された薬剤(9)を毎日欠かさず飲み続けていた。五〇代の男性のペニンは、乾燥した植物の実や根を煮出して作った自家製の薬を毎日飲んでいる。植物の実や根を漬けこんだ蒸留酒は、通常のものよりも人気がある。母子手帳で子供に与えることが推奨されているココヤムの若葉（*kontomire*）が「血を作る make blood」ことは、広く認知されている。ここで挙げた様々なハーブ加工品、薬剤、薬草、酒、野菜はすべて、モジャ・デュルと呼ばれている。

このようにモジャ・デュルという言葉は広範なモノを名指すことができる。おそらく、そのこと自体はさほど珍しいことではないし、取り立てて注目すべきことではない。ここで興味深いのは、モジャ・デュルの多様性が

表 3-1　ガーナの医療施設における入院の原因と死亡原因［GOG 2005b: 36］

入院の原因		死亡の原因	
マラリア	24.6%	マラリア	17.1%
出産	24.2%	貧血	9.6%
貧血	5.2%	肺炎	7.2%
肺炎	4.1%	脳血管障害	5.6%
妊娠合併症	3.5%	腸チフス	3.5%

血や健康の捉え方の複数性と密接に関わり合っているという点である。

アチムやアサンテを含めたアカン系の人々の「伝統的な」人間観に依れば、「血／モジャ（*mogya*: 母から継承される母系親族集団の基盤）」は、オクラ（*ɔkura*: 先天的に固定化している魂）、スンスム（*sunsum*: 後天的に変容可能な「霊」）、ントロ（*ntorɔ*: 父から精液を通じて継承される）と共に人間を構成する四つの要素のひとつであり、母系を通じて継承されるとされる。しかし、このような認識は必ずしも一般的ではない。田原によると、これらのオクラ、スンスム、ントロ、モジャの意味はアカンの伝統として教科書にも掲載されているが、人類学者を含めたアカデミック・スペースの中で形成・明確化されたものであり、必ずしもアカンの伝統ではないし、すべての人が十全に理解しているわけではないという［田原 二〇〇七］。

上述のような血についての「伝統的な」観念が必ずしも当該地域で暮らしている人々に共有されていないのならば、他にどのような血についての観念が存在しているのだろうか。現在のガーナ南部において、頻繁に血について言及される機会として、病院やヘルスセンターでの診察時や乳幼児検診がある。乳幼児検診の際に、看護師たちは決まって下瞼をまくり、白眼にどれほど血があるかを見る。そして、「彼／女は血を持っている／いない *Ɔwɔ mogya/ Ɔni mogya*」を判定する。つまり、血はもっぱら貧血との関連で言及されている。この背景には、ガーナにおいて貧血が深刻な社会問題とされていることがある。貧血は、ガーナの医療施設における入院理由の第三位、死亡原因の第二位となっており、マラリアに次ぐ第二の病気である(10)（表3－1）。

ヘルスセンターの職員は貧血の存在に極めて敏感であり、貧血と診断された乳幼児に葉酸などの薬剤を処方するほか、すべての妊婦に対して貧血を予防するための薬剤を無料で処方し毎日定期的に服用するように指示している。また、駆虫剤の定期的な服用の推奨や乳児向けの蚊帳の無料配布も、間接的には貧血の予防も意図している。当該地域で暮らす人々も貧血が深刻な健康問題のひとつであることをよく認識しており、葉酸や駆虫剤は出産後の母子に行われるよくある贈り物のひとつとなっている。

ここに見られるのは、身体の健やかな育成には血が必要だという認識であり、それを達成するためには〈身体の外部から血を摂取し続けなければならない〉、〈血を減少させる要因の身体内への侵入を避け、場合によっては排除しなければならない〉という論理である。このような血に対する考え方は、母系を通じて継承されるというアカンの「伝統的」な血の理解とは大きく異なっており、その基底に生物医学モデルに基づいた貧血の理解があることは間違いない[11]。

以上の議論をまとめると、次のように整理することができる。当該地域には、〈母系を通じて継承されるものとしての血〉と〈充填・増強・減少可能な身体の一部としての血〉という二つの血についての考え方があり、モジャ・デュルは、蚊帳やヘルスセンターと共に、後者の血の考え方に寄与している、と。

モジャ・デュルからアポム・ディンを理解する

ただし、すべてのモジャ・デュルを生物医療的な要素と考えることはできない。実際、モジャ・デュルと呼ばれ、からだを強くするために継続的に飲まれている薬のすべてが、生物医学の観点から貧血に効果があるとされるわけではない。そのうちのひとつが、エスタが買ってきたハーブ加工品である。このハーブ加工品について、その効果を保証したとエスタが言及したベテランの看護師に数年後に尋ねると、彼女は即座に次のように答えた。「あれは別に効果はない。あれについては気にしないで。忘れていい」。オブロニ（白人）がガーナの「ダメなところばかりを見つけ」、「馬鹿にする」ことに敏感であった彼女にとって、自身が効果がないと考えるハーブ加工品を多くの人が服用していることは、オブロニである私は「忘れていい」こと、あるいは私に忘れて欲しいことだったのだろう。

いずれにしても、当該地域では、多くのハーブ加工品は「モジャ・デュル」、あるいは「モジャ・デュルのようなもの」と表現されている⑫。しかし、ハーブ加工品のテレビCMで盛んに表象されているのは、必ずしも直接的に血を増やすということではない。ハーブ加工品は、それを飲むことで食欲が増進し、結果としてからだが強くなると表象されている。

ここでは、外部から何かを摂取することで身体が強化されるというモチーフこそ葉酸と共有しているものの、摂取によって達成されるとされているのは血の増加ではなく、からだが強くなるかどうかという点、それもCMだけに見た目で分かるような、スポーツや労働を生き生きとこなすことができるかどうかという点である。

このような差異があるにもかかわらず、ケミカルセラーでは、葉酸とハーブ加工品はモジャ・デュルというひとつのカテゴリーをなすものとして、予算に応じて代替的に購入されている。直接的に血を増やす点が共通していないのならば、葉酸とハーブ加工品はいかなる資格においてモジャ・デュルというひとつのカテゴリーをなしているのだろうか。この問いに対する回答は、モジャ・デュルの服用が何を目指しているのかという点から導き出される。

少なくともヘルスセンターの職員にとって、人々がモジャ・デュルを飲むのは、貧血を治し、予防するため、つまり、健康になるためである。当該地域で、「健康 health」に翻訳されるのは、アポム・ディン（*apomu den*）

という単語である。[13] アポム・ディンは、字義通りに翻訳するならば、「関節 *apo* の中 *mu* が強い *den*」となる。ただし、現在では「関節の中」という原義はほとんど意識されることなく、*apomu* はもっぱらひとつの単語としてからだ全体を意味する。[14] 日常的な用法においては、このアポム・ディンは、「健康 health」とともに、「頑強さ strength」と翻訳できるような含意を持っている。[15] 例えば、病気でないという意味では筆者はアポム・ディンであるが、農作業もまともにできないという意味ではアポム・ディンではないとされる。当該地域では、この二つの含意は特に齟齬の存在が意識されることなく使用されている。[16]

プランカシで身体を「頑強」にするためにもっぱら行われるのは、体操や運動ではなく、モジャ・デュルの服用である。モジャ・デュルの服用によって達成できるとされる「頑強さ」は、スポーツや肉体労働の実行可能性や武骨さといった目で見て確認できるものである。そして、人々はこの「頑強さ」という基準に基づいて、将来の自分が病気になる可能性について想像している。例えば、四章で議論する健康保険に加入するかどうかの判断はこの「頑強さ」と関連している。カネがないために家族全員の健康保険料を支払えないときに妻子の加入を優先する夫達がたびたび口にするのが、自分は「頑強」だから病気にはなりにくい、という点である。つまり、「頑強さ」は、病気からの遠さと関連した捉え方である。「頑強さ」という発想に見られる身体と病気の関係は、病気であるかどうかを問題にする二者択一的な捉え方である「健康」とは異なり、連続的なものである。

ここに見られるのは、「血の有無」、「病気の有無」、「からだの強弱」をめぐる曖昧さをはらんだ知識の連合である。ヘルスセンターの職員にとって、モジャ・デュルは血を増加させることによって貧血ではない「健康 *apomu den*」を達成する。しかし、鉄剤の服用は必ずしも劇的に貧血を解消するわけではないために、病者は自覚的な身体感覚としての効果を感じづらく、病気の有無という二者択一的な身体観ともなじまない。むしろそこでの身体観は「頑強さ *apomu den*」に見られるような連続的な身体観に近い。一方で、ハーブ加工品は必ずしも直接的に血を

表3-2　モジャ、モジャ・デュル、アポム・ディンの連環

2つのモジャ		2つのモジャ・デュル	2つのアポム・ディン	
モジャ	母系で継承される血			
	モジャ・デュルによって補充される血	モジャ・デュルによって達成されるアポム・ディン	鉄剤	健康
			ハーブ加工品	頑強さ

増加させるわけではないが、服用することによって食欲を増進させからだをより「頑強 *apomu den*」にする。両者は持続的な服用という類似性を備えており、達成される効果はいずれもアポム・ディンである。

ここから分かるのは、モジャ・デュルを飲むことでアポム・ディンが達成されると考えられている中で、モジャ・デュルの複数性がアポム・ディンという単語の意味の複数性と関連しているということである。これをモジャとモジャ・デュルの関係と併せて整理すると、表3-2のようにまとめることができる。

まず、モジャという単語の意味の複数性はアカンの「伝統的な」血の観念とは異なる、〈モジャ・デュルによって増強可能な血〉という観念が作られ続けることによって可能になっていた。しかし、モジャ・デュルという言葉は、必ずしも血を増やすとされる薬のみを指し示すわけではない。モジャ・デュルという言葉は葉酸とハーブ加工品という二つの対象を指し示しうるが、それぞれが達成するとされるアポム・ディンの間には差異がある。このように、モジャ・デュルは、モジャとアポム・ディンという二つの言葉の意味の複数化に異なる様式で寄与している。

ただし、このような分析には一定の限界があることには注意を喚起しておきたい。それは、モジャ、モジャ・デュル、アポム・ディンという言葉の持つ包容力をどう評価すべきかと関連している。私自身がエスタによるハーブ加工品の購入に戸惑ったように、また、看護師がハーブ加工品については「忘れろ」と言ったように、貧血に対する葉酸の使用を生物医学的だとし、ハーブ加工品や薬草の使用をそこから切り離して考えるこ

とはたやすい。しかし、モジャ・デュルという言葉は、そのような区分を無効にするような言葉である。エスタが、看護師に勧められたと言ってハーブ加工品を購入してきたことは、このようなモジャ・デュルという言葉の性質をよく表している。

つまり、葉酸とハーブ加工品、健康と頑強さの間に明確な線を設ける分析方法は、エスタがハーブ加工品を買ってきたときに感じた私の違和感を引きずっているものであり、生物医学の身体観（葉酸⇓健康）とハーブ加工品の身体観（ハーブ加工品⇓頑強）の二つを区別することなしに流通しているモジャ・デュルとアポム・ディンという言葉の存在を裏切る手法でもある。現在のガーナ南部における葉酸とハーブ加工品の継続的な服用は、本来的にはそれらを区別することなく包含していくモジャ・デュルとアポム・ディンという言葉によってしか説明できない。

この意味で、本節で行ってきたのは、モジャ、モジャ・デュル、アポム・ディンという言葉がどのような意味の広がりを持っているのかを日本語で理解するための近似的な説明である。しかし、「近似的」であったとしても、これまでの説明から分かることもある。それは、先行研究が指摘したように〈葉酸が当該地域の既存の論理に基づいて理解されている〉のではなく、〈モジャ、モジャ・デュル、アポム・ディンという言葉の意味の複数性に他ならぬ葉酸が寄与している〉ということである。

三　複数性を再考する

モジャ、モジャ・デュル、アポム・ディンという言葉が複数の意味を指し示しうると聞くと、やはり「我々」と「彼ら」の間には乗り越え難い差異があるのではないか、という疑問がわくかもしれない。そのような複数性が存在すること自体が、首尾一貫した思考ができない証拠なのではないか、という疑問である。この問いは本書で取り扱うには大きすぎる問いだが、生物医学もまた複数性を抱えていることを明らかにしたモルの議論を紹介することで、部分的に回答することができるだろう。

ＡＮＴ（Actor Network Theory）の主要な論者の一人であるアンマリー・モルは、主著 *The Body Multiple* の中で、オランダの大学病院におけるアテローム性動脈硬化の複数性を記述している［Mol 2002］。モルのアプローチの要点は存在を行為と不可分のものと捉える点にある。私達は、アテローム性動脈硬化がどのようなものかを知るために医学書を紐解くこともできる。だが、モルはそうしない。アテローム性動脈硬化の存在の同定がどのような行為やモノによって可能になっているのか（あるいは、動脈硬化がどのような行為やモノとの関連において存在しているのか）を丹念に追っていく。この作業を通じて、ひとつの大学病院の中に複数のアテローム性動脈硬化が異なる様式で存在している様を描くことがモルの目的である。

具体的にはどういうことか。診察室では、アテローム性動脈硬化の存在は、歩行時の痛みの有無や歩行可能距離、拍動の異常によって確かめられる。ここでは、動脈内部にどの程度カルシウムが付着しているのか、それによってどの程度血流速度が低下しているのかは確かめようがなく、結果として問題にされない。問題になるのは、もっぱら歩行に関する患者自身の訴えや歩行可能距離である。他方で、検査室では、アテローム性動脈硬化は、腕と足首の血圧の差によって確かめられる。このとき、足首の血圧を測るためにドップラー効果を応用した超音波式の血圧計が使用される。ここでは、動脈硬化は患者の歩行によって確認されるわけではない。それは、もっぱら血流の速度によって特定されている。つまり、それぞれの場所には、別々の方法で確認され、別々の特徴（痛みの存在や血流速度の低下）を持つ動脈硬化が存在しているのである[17]［Mol 2002: 53-85］。このようにして、ひとつの病院の中に複数の動脈硬化が存在していること（存在と確認方法が不可分ならば、確認方法が複数あれば存在も複数である）

を明らかにした上で、それぞれの動脈硬化間の関係がどのように調整されているのか（いないのか）を記述することがモルの企図である。[18]

モルの言うように、ひとつの病院の中にも複数の動脈硬化が存在するのならば、複数性の有無が「我々」と「彼ら」を分かつ特徴にはなりえない。「我々」も「彼ら」もひとつの単語が唯一の首尾一貫した意味を持つべきだといつでも考えているわけではないのである。

同時に、モルのアプローチは、複数性を探求する際のヒントを提供してくれる。先述のように、モルは存在を行為と不可分のものと捉えることで、存在の複数性を明らかにした。同様のことは、知識と行為の関係についても言えるのではないか。つまり、二節や三節で議論してきたような知識の流動性は、知識が単体で存在しているのではなく、様々な行為やモノと不可分のものとして知識が存在している結果なのではないだろうか。例えば、前節で述べたモジャの複数性は、教科書や授業、人々の発話によって支えられるアカンの「伝統的な」血の捉え方と、葉酸や母子保健、貧血の確認方法といった行為やモノによって支えられる血の捉え方が共存することによって成り立っていたと言えるのではないか。

もちろん、存在の複数性を明らかにしようとするモルと単語の意味の複数性を明らかにしようとする本書との間には乗り越え難い差異がある。モルの最も重要な論点のひとつが疾病と病いの二項対立を乗り越えることであったことを鑑みれば、存在について取り扱わずに言葉の意味にのみ焦点を当てる本章のアプローチはモルが仮想敵とするやり方そのものともいえる。しかし、モルが動脈硬化という単語が複数の存在をひとつにまとめ上げる効果を持っていることに言及するとき［Mol 2002: 117］、彼女の議論の対象が結局のところ〈知識を含みこんだ存在〉なのか、〈存在を含みこんだ知識〉なのかは再び曖昧化されているように見える。ならば、前者を検討する立場から後者のみを取り扱うことを批判するモルの正当性を再検討する余地もあるだろう。

以上の議論を踏まえた上で、本章の残りの部分では、行為と知識からなる装置から複数性を説明するというモノのアプローチを援用しながらも、〈知識を含みこんだ存在〉ではなく、あくまでも〈存在を含みこんだ知識〉について焦点を当てていく。後述するようにチュイ語と英語という二つの言語が微妙なズレをはらみながら共存しているガーナ南部の田舎町の人々の生活について何事かを理解するためには、ひとつの単語の意味の複数性を探求することが存在の複数性を探求するよりも重要な課題であるからだ。

四　フラエの語られ方の複数性

当該地域でもっとも頻繁に使用されている医療用語のひとつがフラエ（*hurae*）である。以下、このフラエの意味の複数性がその単語で指し示されている対象の取り扱われ方の複数性によって支えられていることを明らかにしていくが、まずは人々の語りに耳を傾けることで、ラストが指摘していた、人々の語りのみから単語の意味を確定する作業の困難さを確認しておこう。

会話一[19]**：マギー四〇代女性、農業と商業と仕立屋**

アキ　フラエって何？

マギー　フラエは病気、ひどい病気だ。もしフラエになったら口の中が苦くなり、だるくなり、関節が痛くなる。おしっこをすると黄色くなる。それはひどい病気だ。それは人を動けなくできるし、あなたはとてもだるくなるし、ご飯はまずくなる。ときには、吐くこともあるほどだるくなる。あなたとそれが病院に行ったら、薬をもらうことができる。

フラエの原因は蚊とブッシュだ。もし蚊がマラリアを持っている人を噛んだならば、他の人を噛んだらその人もそれになる。また、ブッシュは蚊を増やす。だから、蚊が中にいる缶を拾って、草を刈らなければいけない。また、よどんだ水も噛まれたらマラリアになる蚊を増やす。

ここでは、フラエは何かという私の質問に対し、マギーは最初から「フラエ＝マラリア」という図式に基づいて話をしている。このことは、マギーが途中から「フラエ」ではなく、「マラリア」という単語を用いて説明を継続していることからも分かる。上記のような説明を複数聞き、看護師もマラリアに対応するチュイ語としてフラエを使用していたことから、当初、私はフラエとはマラリアのことだと考えていた。しかし、事態がより複雑であることは、他の人と同様の会話を続けることで次第に明らかになっていった。

会話二：スージー四〇代女性、中学校教師

アキ　フラエって何？

スージー　フラエは風邪（fever）だが、私たちはチュイ語でそれを「エブンがそれを捕えている（*ebun akyi mo*）」と呼ぶ。

アキ　フラエとエブンは同じ？

スージー　うん。同じ。

アキ　フラエになったらどうするの？

スージー　病院に行く。それか、クロロキンやパラセタモールといった薬を買うこともできる。

会話三：マーサ五〇代女性、農業

アキ　フラエって何？
マーサ　フラエはエブン。いま私たちが話しているのをエブンと呼ぶ。
アキ　フラエとエブンは同じ？
マーサ　同じ。それにフラエニン（*furaenin*）は黄疸（jaundice）。エブンは英語ではなくチュイ語で、風邪（fever）が英語。
アキ　フラエになったら、どうするの？
マーサ　薬を飲んだり、病院に行くこともできるし、薬草を摘みに行くこともできる。
アキ　どんな薬を飲むの？
マーサ　エブンならば病院に行く。それが大きくなければ、薬屋で薬を買う。カファジン（当時流行っていた解熱鎮痛剤の配合薬）を買う。それか、注射を打ちにいく。

会話四：マリー四〇代女性、商業

アキ　マラリアはエブンだって言った？
マリー　違う。マラリアはあなたの眼を黄色にすることがある。黄疸がエブンだ。
アキ　フラエニンは何？
マリー　フラエニンは high fever だ。フラエニンの「ニン *nin*」は「ひどい」という意味なので、フラエニンは high fever だ。

以上の会話からは、フラエが単純にマラリアのことを指すのではなく風邪とも英訳されうること、また、エブンやフラエニンといったチュイ語の他の単語と関連するものとして使われていることが分かる。会話二では、フラエとエブンは同じだとされる。会話三でも、フラエとエブンは同じだとされるが、それらとは微妙に異なる意味を持つフラエニンという単語があることが告げられる。しかし、ここではフラエとエブンが風邪とマラリアのどちらに近い単語なのかを読みとることは困難である。マラリアの症状のひとつである黄疸がフラエニンという、フラエと関連した語句で示されていることからは、フラエとマラリアの親和性を読みとることができるが、同時にフラエとエブンの英語名は風邪だとされ、治療手段としても風邪薬の服用が支持されている。また、会話四ではフラエニンではなくエブンが黄疸だと説明され、会話三におけるフラエニンとエブンの説明が必ずしも共有されていないことを示している。

それぞれの単語が明確に区切られた別々の意味領域を持っているという前提に基づいて、無理を承知で人々の語りを首尾一貫するように編集するならば、後にスージーと整理することによって得られた次のような説明が可能かもしれない。すなわち、「フラエとは風邪のことであり、フラエニンはひどい風邪であり、エブンは白目に黄疸が出た状態のことである。それらは必ずしもマラリアとは限らない[20]」。しかし、このような形で整理することの最大の問題点は、三つの単語をこのような形で明確に区別して使用している者は皆無であるということである。つまり、全ての人がフラエやエブンという言葉を誤用していることになってしまう。このような整理をしてくれたスージー自身が、過去にはそれとは異なる見解を示している（会話二）。

以上の考察から明らかになるのは、ひとつひとつの単語が厳密な意味領域をもって使用されているという想定の下に、個々の単語の唯一の統一的な意味を確定しようとする試みの空虚さである。つまり、当該地域で誰かが「フラエ」という言葉を発した時に、それがどのような意味なのかを辞書的な定義を用いて理解することは困難であむしろ、英語のマラリアや風邪や黄疸、チュイ語のエブンやフラエニンと曖昧さをはらみながら関係づけられ続けているチュイ語の単語として、フラエを理解する方がより現実を反映しているのである。

五　フラエの複数性を維持する装置

それでは、このようなフラエという単語の意味の複数性をどのように理解すればいいのだろうか。ラストが指摘していたように、人々はフラエについての唯一の意味を共有しているわけではない。だが、人々はフラエという言葉を用いて発話や思考をしたり、フラエという言葉を伴って何事かを行っている。ならば、それらの場面を追うことで、フラエという意味の複数性がどのように形成され、維持されているのかを理解することもできよう。

前節で取りあげたフラエに関する説明の中で、マラリアや風邪、黄疸といった言葉が出てくることから、人々のフラエについての理解に生物医療的な要素が無関係ではないことが分かる。同時に興味深いのは、ヘルスセンターの看護師がフラエ＝マラリアという図式を繰り返し提示する一方で、ヘルスセンターにおけるフラエの位置づけはそれほど確固としたものではないということである。

以下、人々がフラエという単語とともに何をしているのかに注目しながら、この点を明らかにしていこう。

コミュニティ・ヘルスの対象としてのフラエ

高校卒業後、専門学校に二年間通うことによって資格を取得できるコミュニティ・ヘルス・ナース（CHN: Community Health Nurse）は、主として村落部における公衆衛生や母子保健を担当している。彼女たちの仕事は多岐に渡るが、その中のひとつに学校や教会、広場で行われる公衆衛生教育がある。ＣＨＮは、英語で書かれた教科

写真 3-1　町の催事場で行われた公衆衛生教育に集まる人々。2009 年 11 月撮影。

書や専門雑誌のコピーを手元に置きながらチュイ語で話をする。つまり、公衆衛生教育においてCHNは、標準化された生物医学をその場でチュイ語に翻訳する役割を担っている。

この医療教育で最も頻繁に取り上げられるトピックのひとつがフラエである。フラエの場合、CHNの手元にあるのはマラリアに関する情報である。そのため、フラエは蚊に刺されることによって感染する病気として説明され、蚊を培養しないように水の管理を徹底するよう促されることになる。つまり、フラエは生物医学におけるマラリアのことを指す単語として使用されている。

注目すべきは、フラエ＝マラリアという図式は行為と乖離した知識として流通しているわけではないということである。とりわけ、子供達は蚊を培養するような缶や瓶を拾い集めることで蚊の発生を抑えようと試みたり、「あなたのコミュニティの現状を郡庁に伝えて援助を頼む手紙を書きなさい」という英語のテスト問題で「水の管理ができていないためにマラリアが流行している」と書いたりする。また、CHNの活動の甲斐もあって、近年、蚊帳の普及が進んでいるが、ここでもフラエは蚊を防ぐことによって感染を予防できるものとして扱われている。つまり、人々はフラエ＝マラリアという図式に基づいて、フラエを予防するための行為をしたり、モノを配置したりしているのである。

風邪薬によって治るモノとしてのフラエ

前章で重点的に議論したように、ケミカルセラー（薬屋）は、プランカシにおける主要な薬剤の入手先のひとつとなっている。ここで注目したいのは、ケミカルセラーで販売されている薬剤の種類についてである。二〇〇六年一一月に一〇日に渡って収集した全一五九九件の取引を分析した結果、ケミカルセラーでは販売されていた薬剤の実に四七・六%が風邪薬と鎮痛剤だったのに対し、抗マラリア薬を含む取引は全体の一・〇%に留まっている〔本書二章〕。

フラエは、当該地域において最も頻繁に体調不良の原因として挙げられる病気である。また、先に引用した会話二や三で示されていた通り、フラエに罹った場合、人々はケミカルセラー（薬屋）で薬剤を買うという。そうであるならば、ケミカルセラーにおいて、フラエは、もっぱら鎮痛剤や風邪薬が効果を及ぼすような病気として扱われており、抗マラリア薬が効くような病気として扱われてることは稀だといえよう。つまり、ケミカルセラーにおけるフラエは、公衆衛生の対象としてのフラエとは異なる特徴を持つものとして取り扱われている。

処方の対象としてのフラエ

プランカシにあるヘルスセンター（プランカシHC）においても、公衆衛生教育と同様に、メディカル・アシスタントや看護師と患者のやり取りは基本的にチュイ語で行われている。そのため、患者に「あなたの病気はフラエです」告げながら、カルテにはマラリアという診断名が書きこまれる。一見すると、ここでもフラエ＝マラリアという図式は維持されているように見える。しかし、ヘルスセンターにおけるフラエの取り扱い方は、生物医学で正当とされるマラリアの取り扱い方と同じではない。

まず、当該地域のヘルスセンターの診断には、「マラリア／気道感染（malaria/RTI）」という診断名が頻繁に登場する。気道感染（respiratory tract infection）とは、風邪（感冒）やインフルエンザのことを指す。例えば、二〇〇七年九月に診察を受けた全患者の八七・三%がマラリアと診断され、二五・八%が「マラリア／気道感染」と診断され

表 3-3　マラリア／RTI 診断率（2007）

	Sep-07
初診患者数	411
マラリア患者数	359 (87.3%)
マラリア／RTI 患者数	106 (25.8%)
非マラリア RTI 患者数	3 (0.7%)

数字は、ヘルスセンターの診断室記録に基づいて筆者が算出した。

表 3-4　プランカシ HC 処方状況（2004-6）

	Jan-04	Jan-05	Jan-06
抗生物質処方率	77%	80%	90%
抗マラリア薬処方率	83%	77%	69%
抗生物質／抗マラリア薬同時処方率	63%	57%	58%
同時処方数／抗マラリア薬処方数	75.9%	74.0%	84.1%

数字はプランカシ HC に保管されていた 2004-6 年の 1 月に診療を受けたそれぞれ 100 人のカルテを参照して筆者が作成した。

ている（表3-3）。

「マラリア／気道感染」という診断名は、カルテの他の記入の仕方、例えば「マラリア／腰痛」や「マラリア／リューマチ」という表記からも分かるように、「マラリアと気道感染」に罹っているということを意味している。しかし、チュイ語にはマラリアと気道感染を選り分けるのに適した単語は存在しておらず、「マラリア」の患者も「マラリア／気道感染」の患者も、自分の病気をフラエだと認識している。この状況をフラエという単語の側から眺めると、プランカシHCにおけるフラエは、公衆衛生においてマラリアと同一視されているフラエとも、ケミカルセラーにおいて風邪薬で治療されるフラエとも違う「何か」、言うなれば両者を同時に指し示すことができるような言葉として使用されていることが分かる。

ここでもフラエは単なる言葉として存在しているわけではない。フラエが病気である以上、治療行為を伴うことになる。それでは、プランカシHCにおいて、フラエはどのように対処されているのだろうか。二〇〇四年から二〇〇六年の三年間のそれぞれの一月を比較してみると分かるように、多少の差異はあるものの抗マラリア薬を処方された患者の七五％近くが同時に抗生物質も処方されていることが分かる[21]（表3-4）。

　このデータからは、必ずしもマラリアやフラエに対して抗マラリア薬や抗生物質が処方されたのかはわからない。だが、プランカシＨＣではマラリアと診断される患者の割合が極めて高い（表3-3では八七・三％）ことから、抗マラリア薬を投与されている患者の多くがマラリアと診断されていると推測してもかまわないだろう。このように、プランカシＨＣはフラエに感染しているとされる患者に対し、抗マラリア薬と抗生物質が同時に処方される確率が高いという特徴を持っている。つまり、プランカシＨＣでは、フラエは抗マラリア薬と抗生物質によって対処できる病気として扱われている。

写真 3-2　プランカシ HC で子供を診察する看護師たち。2013 年 1 月撮影。

　ここで注意を喚起しておきたいことは、ガーナ政府の報告書［GOG 2002a］が行っているように、プランカシＨＣにおける処方状況を「非合理的」と批判する意図は私にはないということである。このような診断状況・処方状況が必ずしも理想的でないことは、他ならぬ職員たちがよく理解していた。このことを端的に示しているのが、職員たちの検査室に対する要望の強さである。職員たちは、初めてプランカシＨＣを訪れた私を空き部屋に案内し、「ここに検査室を作ることを検討している」と説明することで、暗に援助を乞うてきた。その後も、職員と私の間でプランカシＨＣの検査室導入に関する話は複数回行われた。

　ここで私達にとってより重要なことは、ヘルスセンターの診察室におけるフラエが、マラリアともＲＴＩとも翻訳され、抗マラリア薬も抗生物質も投与されるという状況がどのように作り出されているのかを明らかにすることである。このことは、本節全体の趣旨であるガーナ南部の田舎町におけるフラエの複数性の探求をより限定された領域で行うことでもある。まずは、プランカシHCの診察室での典型的な2つのやり取りを見てみよう。

プランカシHCの診断プロセス(22)

診断一（性別：男、年齢：五ヶ月、診断名：マラリア／気道感染、処方：抗マラリア薬／抗生物質／鎮痛消炎剤／ビタミン剤、診察時間：六分六秒）

N：どこからきたの？
P：チュムスからです。
N：チュムスのどの辺？
P：オコダです。
N：オコダはチュムスの辺りにあるの？
P：ええ。
N：子供は何歳？
P：四か月と三週間です。
（何歳かを三度聞く）
N：問題は？
（沈黙）
P：熱が高くて、咳をしてるの。

N：今、その病気流行ってるんだよね。吐いた？
P：いいえ。
N：吐いてない、咳をする、熱がある。いつから？
P：昨日から。
N：何か薬を飲ませた？
P：パラ（パラセタモール）を飲ませたわ。
N：注射も打った？
P：ええ。
（沈黙）
N：なんで、保険持ってないの？
P：登録したんだけど、まだ来てないの。
（沈黙）
N：咳してる？
P：いいえ。
N：薬の方に行って、受け取って。

診断二（性別：男、年齢二五歳、診断：マラリア／気道感染、処方：抗マラリア薬／抗生物質／鎮痛消炎剤／鉄剤、診察時間：五分二三秒）

N：問題は何？

P：腰が痛い。それと、とても寒いんだ。
N：咳は？
P：してないです。
（沈黙）
N：いつから？
P：一週間くらい前から。
（沈黙）
N：咳してるって言ったっけ？
P：いいえ。僕の病気はマラリアだと思う。
（沈黙）
N：よく眠れる？
P：少し眠れる。
（沈黙）
N：腰ね？
P：うん。
（沈黙）
N：よく眠れる？
P：うん。
（沈黙）

N：薬を受け取りに行って。薬いっぱい書いておいたから。

この二つの診断プロセスに典型的に表れているように、プランカシHCにおける診断は、⑴患者のプロフィールの確認、⑵短時間での診断、⑶カルテに書きこむ情報の収集、⑷症状と結びついた薬剤の処方、という四つのパートから構成されている。

まず、「どこから来たの？」、「何歳なの？」という患者のプロフィールに関する質問がなされる。これは、カルテと患者が同一であるかを確認する意味もあるが、より重要なのは、診断室にあるノートに「より正確な」記録をとることにある。本人の申告する年齢と患者の見た目が明らかに異なっている場合、看護師は家族の年齢を聞きながら患者の年齢を推定し、必要に応じて、HC内のすべての書類における年齢を訂正させる⑴。

続けて、看護師は「どこが悪いの？」と質問をし、患者やその家族から訴えを聞き取る。これに対する回答を聞くと（聞きながら）、看護師は患者の疾病名を診断し、カルテに書き込む⑵。診断一では、「今その病気流行ってるんだよね」と診断が行われたことが示唆された後に、「吐いた？」という症状に関する質問がなされ、「いつから？」という質問がなされている。このことから、これらの質問はカルテに書くために必要な情報であって、病因を判断し、治療戦略を決定するために必要な情報ではないことが分かる⑶。

最後に、看護師から患者にいくつかの定型的な質問がなされる。それは、「眠れるか？」、「咳が出るか？」、「駆虫剤を飲んだのはいつか？」という質問である。これら三つの質問は患者の病気を特定するための質問ではなく、処方する薬剤を決定する／追加するための質問である。眠れない場合は睡眠薬が、咳が出る場合は抗アレルギー剤が、駆虫剤を飲んでから三か月以上経っている場合は駆虫剤が、それぞれ追加される⑷。

これまで述べてきたようなプランカシHCにおける診療行為の特徴は、「薬剤化（pharmaceuticalization）」とよべるようなものである。ここで薬剤化という概念を使って表現しようとしているのは、「規範としての生物医学の重要性の低下と薬剤の治療に占める役割の増大」のことである[23]。

特定病因論に基づく生物医学では、症状から原因を明確にした上で、その原因を取り除く、という方法で病気に対処するのが理想的であるとされる。それに対して、プランカシHCでは、診断が極めて短時間で行われており、病気の原因を特定することがそれほど重要視されていないように見える。同時に、プランカシHCでは、症状と薬剤が原因を経由することなしに結びつけられている。特定病因論に基づけば、症状は原因を経由することによって治療手段である薬剤と結び付けられる（症状〇原因〇対処〇）。それに対して、プランカシHCの診断プロセスの最後のパートでは症状と薬剤が直接的に結び付けられている（症状〇原因×対処〇）。

再び、ここでプランカシHCにおける診療の薬剤化を非合理的だと批判する意図は私にはない。実際、薬剤化した診療は、少なくとも短期的な治療の成否という観点からはそれほど非合理的ではない。顕微鏡が無いためにマラリアの確定診断が下せない状況の中で、治療の成功確率を最大化しようとする試みともいえるからである。

むしろ注目すべきなのは、原因や診断をさほど重要視しないにも関わらず、診断名が付けられ続ける必要があるということである。これは、記録をできる限り正確に付けなければならないという要請と関連している。ヘルスセンターでは、患者や病気についての情報は月毎に整理され国家レベルでまとめられる。そのため、ヘルスセンターの仕事は、職員が認めるように書き仕事（*twerɛ adwuma*）という表現が違和感なく妥当する。先の診断プロセスを一瞥しただけでも、記録を付けることへの執着の強さを感じ取ることができよう。

つまり、プランカシHCにおいてフラエがマラリアの教科書的な意味とは異なる扱いを受けている背景には、〈原因に対する拘りの薄さ〉と、〈にもかかわらず診断名を付けなければならない〉という二つの態度が存在しており、その態度は、病気と身体の特性、利用可能な薬剤の種類、顕微鏡の不在、記録を付けることを要求する各

種の書類といったモノからなる装置によって方向づけられているのである。(24)

顕微鏡検査の対象としてのフラエ

二〇〇八年の調査時、私はそれまでの調査協力に対するお礼を兼ねて、プランカシHCに六〇〇US$の資金提供を行った。職員たちはそれを用いて、暫定的に検査室（予定）の机を整備した。検査機器を購入するために更に六〇〇〇US$程が必要であることから、当時、私は実際に検査室が導入されるのはしばらく先のことだと考えていた。しかし、プランカシHCは借入を行うことによって検査機器を買いそろえ、二〇〇九年五月に検査室を整備した。これを受けて、プランカシHCでは、マラリアの疑いのある患者に対し、顕微鏡を用いた血液検査が行われるようになった。

この状況を受けて、人々の単語の使用状況にも微妙な変化が訪れている。二〇〇九年一〇月のある日、会話一に登場するマギーは私に、「病気だ」と言ってきた。「どこが悪いの？」と尋ねた私に、マギーは「フラエ」と口にしかけた後に逡巡し、「クリニックに行ったが、マラリアは無かった」と答えた。顕微鏡が導入されていなければ、マギーの病気は「フラエ」の一言で皆に了解可能なものであった。しかし、顕微鏡を用いた検査を受けて、マギーの病気がマラリアでないことははっきりと告げられていた。しかし、マラリアでないとされたその病気について、適切に表現する語彙をこの時にマギーは持っていなかったのである。

六　小結

以上、公衆衛生教育、ケミカルセラー、ヘルスセンターというそれぞれの場所でフラエがどのような特徴を持つモノとして扱われているのかを追ってきた。フラエは、公衆衛生ではマラリアの訳語として扱われ、ケミカルセラーでは風邪薬で治すものとされていた。ヘルスセンターではマラリアやRTIを包含する用語であり、抗マラリア薬や抗生物質で治るものとされていた。このような複数の特徴を持つものとして複数の場面で人々の行為を誘発し続けていることが、「フラエとは何か?」という質問に対する回答の多様性を生み出していたのである。

また、ヘルスセンターの診断プロセスを追うことで明らかにしたように、それぞれの場所でそれぞれの様式でフラエが取り扱われる背景には、個々の場面に特有の装置があった。公衆衛生教育において、フラエ＝マラリアという図式が維持されるためには、教科書や専門書のコピーが必要であり、人々が看護師の話に耳を傾けやすくするマイクや椅子があり、その図式が具体的な行為を誘発するための対象としての空き缶や水、蚊帳が必要だった。ケミカルセラーにおけるフラエの取り扱われ方と関連しているのは風邪薬のみであるが、ケミカルセラーそのものは様々なモノと制度によって支えられている［本書二章］。

同時に分かるのは、それぞれの場面におけるフラエは、一定の持続性を持っているということである。言うならば、それぞれの場所で別々の特徴を持ったモノとして扱われるフラエは、相互に調整される機会を持たぬまま、しかしながら個々人にとってのフラエの意味の重要な一部となって澱のように堆積していく。だからこそ、最後に参照したマギーのように複数のフラエの意味の間の齟齬に気づき、逡巡する契機が訪れるのである。

二節で議論したモジャやアポム・ディンの複数性の持続についても同じことがいえる。アカンの伝統として教科書に書かれるモジャと貧血対策の対象となるモジャはどちらも一定の持続性を持ってそれぞれの場面（教室とヘルスセンター）で現実化する。病気ではないという意味でのアポム・ディンと頑強であるという意味でのアポム・ディンも同様に一定の持続性を持って現実化する。ただ、それぞれのモジャやアポム・ディンを相互に一貫するように調整する機会や強力な権威が不在であるために、複数性は矛盾として顕在化することなしに捨て置かれることになる。

以上のように本章では、薬剤に注目しながら医療に関する知識について検討を加えてきた。そこからわかったのは、⑴西アフリカにおける医療に関する単語は複数の意味を頻繁に持ちうる、⑵この状況はそれぞれの意味がモノや行為からなる装置の中でその都度その都度一定の持続性を持って生起することによって支えられている、という二点である。

最後に、本章で明らかにしてきたことと本書全体の趣旨である装置としての生物医療の関係について明確にしておこう。本章で議論してきたような状況は、まさにシステムとしての「生物医療」と現地社会の相互作用の結果として理解されがちである。フラエやモジャ・デュルという概念は、「生物医療」とアカン社会のハイブリッドとして存在しているという理解である。確かに、フラエやモジャ・デュルという概念の複数性が生物医療的な要素とそうでない要素の双方によって支えられているということは、システムとしての「生物医療」と現地社会の相互作用の結果というふうに整理することも可能かもしれない。ただし、そのような整理は、本章で明らかにしてきた重要な事実のいくつかを見逃すことに繋がってしまう。

まず、システムとしての「生物医療」と現地社会の相互作用、あるいはハイブリッドという考え方は、多様性を汲み取るためのツールとしてはいささか大雑把すぎる。本章の中では、ハイブリッドと呼びうる複数の状況について記述してきた。先行研究で主張されてきた「中身は『生物医療』に属するが、その意味は現地社会に属する」という状況もハイブリッドと呼びうるし、本章で示してきた「薬剤が使用される際の論理自体も生物医療的な要素と『伝統的な』要素の両方に支えられている」という状態もハイブリッドと呼びうるかもしれない。しかし、それらをまとめてハイブリッドと呼ぶことは、両者の差異に目を閉ざすことになる。

同時に、ハイブリッドを主要な分析概念として採用することは、世界の各地においてハイブリッドの存在を見出すことで、研究者に一定の満足を提供することに繋がる。しかし、ハイブリッドを発見することで満足していたならば、顕微鏡が導入される以前のフラエと顕微鏡が導入された後のフラエの差異に気づけなかっただろう。つまり、システムとしての「生物医療」と現地社会のハイブリッドという概念を用いることは、現代ガーナの生物医療的な要素をめぐる状況の複雑性を見落とすというより重要な瑕疵にも繋がりうる。私達は、より微細な差異を汲み取ることのできる分析枠組みを必要としている。

最後に、ハイブリッドという概念が前提とするシステムとしての「生物医療」というひとつのまとまりを維持することは、ここでも困難に直面している。マギーと顕微鏡の事例からも分かるように、薬剤や顕微鏡といった外部から持ち込まれたモノは、直ちに装置の内部に位置づけなおされ、新たな様式でフラエの存在様式を方向づけていく。薬剤との関連で取り扱われていたフラエは、顕微鏡という新しく導入されたモノによって別様のモノとして扱われるようになり、当該地域におけるフラエ概念は重層化されていく。

ならば、研究の開始時において仮に設定した「生物医療」とガーナの農村社会をそれぞれ区切られた総体として扱う理由はないのではないだろうか。「特定の要素が『生物医療』に属する」とか、「比較的新しい」というようなアプリオリな判断は、ある要素を印づけるのには有効である。しかし、そのような印に基づいて、要素間に存在論的な差異を設定する必要はないだろう。

そうではなく、本書で繰り返し主張してきたように、また、本章において具体的な事例を用いて実演したように、現地社会と「生物医療」の垣根を取り払い、それぞれに属するとされてきた要素が同じ資格で結び付くことによって作り出される装置との関係の中で現実化する病気の複数性を汲み取ろうとするべきではないだろうか。本書が、システムとしての「生物医療」ではなく、生物医療的な要素とそれから構成される装置を対象に据えるのはこのためである。

註

（1）このような危険性を回避している例外的な研究としてはエトキンの論稿［Etkin 1994］がある。

（2）本書とセナの著作には、調査時期（一九九〇年代初頭と二〇〇〇年代）や調査場所（グレーターアクラ州とイースタン州）の差異があるが、流通している薬剤自体にはそれほど大きな差異はないと考えられる。ガーナ国内で生産されている薬剤は、製薬会社の差異を超えてそれぞれの種類の薬剤の色や形がほぼ統一されているからである。

（3）血の薬に関するより詳細な分析は、二節で行う。

（4）加えて、彼らは製薬会社の意図をまったく問題にしようとしない。これは推測にすぎないが、製薬会社がマーケティングのために、貧血に効果のある薬剤を血と同じ赤色にし、植物原料に由来することがよく知られている抗マラリア薬の包装に緑を使用するのは、いかにもありそうな話である。ならば、薬剤が「現地」で醸成された色の象徴性に基づいて理解されているというよりは、そのような解釈が製薬会社との相互作用の中で生まれてきた可能性もあろう。

（5）ここでいうジェネリック薬（＝一般名薬）とは、特許の切れた、化学物質名で販売されている薬剤のことである。一般に、商品名で販売されている薬剤よりも安価であり、前章で検討したエッセンシャルドラッグ政策や医療経済学的な観点からその普及が推奨されている。

（6）二章で述べたようにボイCSではこの配合薬が種類別販売数の第二位であり、販売された薬剤の一八％を占めている。

（7）この状況は、日本で暮らす私たちが頻繁に宣伝される薬剤の商品名に親しみ、「ビタミン剤」や「風邪薬」、「胃腸薬」というカテゴリーに基づいて薬剤を理解しているのとよく似ている。

（8）近年の人類学において、人間とモノの関係を見直そうとする企図は多数見られる［Gell 1988; Latour 2005; 田中（編）二〇〇九］。ここではそれらの研究と本章の議論の関係について詳細に議論する余裕はないが、序論で提示した装置としての生物医療という枠組みがそれらの研究と関連していることは改めて指摘しておく。

（9）彼女が継続的に服用していたのは、マルチビタミン、葉酸、フェラス・サルフェイト、パラセタモール（paracetamol）の四種類の薬剤である。

（10）アフリカの医療施設における貧血と欧米の医療施設におけるそれの違いについては、モルとローの論稿［Mol and Law 1994］を参照のこと。ただし、基本的に欧米の医師の語りから構成された彼らの議論は、現地で養成された生物医療従事者がまったく存在しないという印象を与える危険性を持っている。このことは同時に、彼らの議論の全体がかなり単純化されたものであることも意味している。

(11) ここで示したような生物医学モデルに基づく「血」についての考え方が、どのような歴史的変遷の上で形作られてきたのかについては、現時点では明らかにできていない。ただし、葉酸などの貧血に対処するための薬剤が他の薬剤とともに広範に普及するようになったのは、一九七〇年代以降のことだと考えられる。

(12) ハーブ加工品は大きく分けて二つに大別することができる。ひとつは身体を強化し病気を予防する「モジャ・デュル」であり、もうひとつは「モジャ・デュルのようなもの」と表現される精力剤である。また、媚薬はモジャ・デュルとの関連で語られることはない。

(13) 健康に関連するその他の語彙としては挨拶の際に用いられる「*Me ho yɜ* 私の体は良いです」という表現があり、「*cyareɜ* 病気／怪我」との対語として日常的に使用されている。

(14) ただし、少なくとも私は、このアポム・ディンという単語が多産性と結び付けられて語られているのを聞いたことはない。

(15) 二〇一三年一二月にプランカシで調査を行っていた私は、アポム・ディンと同様に健康という意味で使用されている「アホア・ディン（体が *ahoa* 強い *den*）」という単語が、食べ物の中に含まれている何かとして、つまり、日本語の「栄養」に近い含意を持つ言葉として使用されていることに気が付いた。ここでも、からだの強さと体外から取り入れるものとの間の明確な連想を見て取ることができる。

(16) 池田［二〇〇一］は、グアテマラにおいてそれほど明確でなかった健康に相当する単語が保健教育の中で浸透していったと指摘しているが、health のチュイ語を訪ねた際に逡巡する人が多いことから、フィールドでの実感としては同様のことがガーナ南部にも妥当するように思える。

(17) 〈何かが存在している〉ことは常にその確認方法と不可分である。確認する方法がなければ、〈何かが存在している〉ことは誰にもわからない。同時に、ある存在の性質も、確認方法に先立ってわかっているのではなく、確認方法に依存している（確認方法がなければ、そこに存在することすらわからないものの性質について、どうして理解できよう）。存在は、常にそれが無いときとの差異（痛みの有無や血流の速度）によって確認される。そのため、特定の確認方法によって明らかになるのは、「歩行中に痛みをもたらす何か」や「血流の低下をもたらす何か」であり、原理的には、複数の方法によって確認された存在がひとつの何かであるという保証はない。別々の原因によって別々の現象が引き起こされているかもしれないからである。

(18) このように書くと、医師は種々の検査や問診の結果から総合的に動脈硬化という診断を行っているのではないかという疑問を持たれる方もあるかもしれない。詳細は割愛するが、モルは複数の確認方法が齟齬をきたす事例を集めることによって、まさに総合的な判断がどのようになされるのかを問題にする。つまり、モルの重要な貢献は、〈ひとつの動脈硬化がどのように複数の手段によって確かめられるのか〉という常識的な問題設定が現実を反映しえないことを指摘し、〈複数の方法によって確かめられる複数の動脈硬化がどのようにひとつに総合されるのか〉を問うた点にある。

(19) ここで用いる会話文は、二〇〇六年の調査時に筆者（アキ）がインフォーマントと行った会話を録音したものを、大学入学直前のクワシに転写・英訳してもらったものである。日本語への翻訳はチュイ語と英語の双方を参照しながら、筆者が行った。

(20) もちろんこのような整理は数ある可能性のひとつであり、その他の整理の仕方もありうる。この事実は、分析の質の高低ではなく、分析方法の限界を示すものである。

(21) 資料収集過程における種々の制約から表3-3と表3-4では、対象となっている時期が異なっている。このため、診断と処方の関連性を分析したデータをここで提示できないことをご容赦願いたい。

(22) この会話文の作成過程は本章注19で記したものと同じである。

(23) かつてファーガソン［Ferguson 1988］は、他の治療手段に対して薬剤の占める重要性が増加していることを薬剤化と呼んでいたが、ここではそれとは異なるニュアンスで使用している。

(24) 議論が過度に難解になるのを避けるため、ここではフラエの複数性のみを対象とし、当該地域においてマラリアという単語が持つ意味の複数性を対象としてこなかった。しかし、フラエではなくマラリアの側から眺めるならば、ここで展開したのとは異なる形での議論も可能である。例えば、診断者である看護師が確信を持っていないように見えるケースでもマラリアという診断名がつけられ、マラリアの症例として数えられ、「マラリアがガーナで猛威をふるっている」という統計的な事実を構成する要素となることがある。そしてこの事実が、公衆衛生教育の必要性を支えることになり、マラリアとフラエの意味の重要な一部を構成していく。

四章　医療費を支払う二つの方法

これまで、二章ではシステムとしての「生物医療」という発想では捉えることのできない装置としての生物医療の動態性について、三章では装置としての生物医療が人々の知識や認識を同時に複数の方向に導いていることについて具体的な事例に基づいて明らかにしてきた。続く本章では、医療費を支払う方法と健康保険に注目することによって、装置としての生物医療が社会性そのものを作り出す基盤となりうることを明らかにしていく。

二〇〇四年にガーナ共和国に導入された国民健康保険計画（NHIS：National Health Insurance Scheme）は、同国南部の農村部で着実に普及しつつある。これを受けて、ＮＨＩＳの存在は当該地域で暮らす人々の生活の無視できない要素となっている。中でも、最も重要な変化は、それまで存在しなかった方法で医療費を支払うことが可能になったことにある。

そこで本章では、国民健康保険という新しい生物医療的な要素の導入が、当該地域の装置としての生物医療をどのように組み換えていったのかを記述した上で、国民健康保険の導入という新しい医療費を支払う方法の導入に人々が対応していく様に注目することにより、医療費負担における相互扶助のあり方をどのように変容させたのかを明らかにしていく。

一　健康保険と医療費の支払い

まずは、問題の所在を明確にするために、保険や医療費の支払いが相互扶助との関連でどのように議論されてきたのかを整理することから始めよう。

保険と相互扶助

近年、社会科学においてリスクへの関心が高まっているが、人類学や社会学における保険についての研究は、比較的最近までほとんどされてこなかった〔Baker and Simon 2002〕。そんな中、例外的に保険を取り上げた論者が経済社会学者のゼライザーと統治性研究の代表格であるエヴァルドの二人である。保険についての社会学では、基本的に彼らの議論に寄り添う形で、保険は個人主義的な備えであると同時に匿名的な相互扶助でもある制度であり、対面的な相互扶助に置き換わるものとされてきた〔Dean 1999; Lupton 1999〕。

一九世紀のアメリカにおける生命保険の普及について議論しているゼライザーは、友人や縁者からなる対面的な相互扶助集団によってなされてきた未亡人や孤児に対する金銭的な援助が、個々人の合理的な選択に基づく生命保険に置換されていく過程を描いている。彼女によると、一九世紀初頭に生命保険が発売された当初は、生命保険は対面的な相互扶助よりも道徳的に劣ったものという論調が支配的であった。それに対して生命保険の擁護者は、対面的な相互扶助よりも確実で自律した形で家族に対する責任を果たすものが生命保険であると主張することによって、生命保険に加入しないことの方が非道徳的だという議論を展開した。結果、一九世紀末には生命保険に対する非道徳的なイメージは減退し、生命保険は有効な投資先としても宣伝されるようになる。ここでは、末亡人や孤児に対する金銭的な援助という対面的な相互扶助の対象となってきた領域が、生命保険の存在を契機として、徐々に個人主義的な備えや投資の対象となっていくという漸次的な移行を見て取ることができる［ゼライザー 一九九四（一九七九）：一一七－一五〇］。

同様に、一九世紀末のフランスにおける社会保険の誕生について議論しているエヴァルドは、社会保険が既存の対面的な相互扶助から個人を自由にすると同時に、匿名的な相互扶助集団を作り出したと主張する。エヴァルドは、労災の取り扱われ方に注目することにより、社会保障に関する「責任の原理」から「連帯の原理」への転換を見出している。「責任の原理」では、労災は労働者か雇用主のいずれかの過失とされる。そのため労災による不利益は、善意に基づく対面的な相互扶助による支援を受けられるかどうかを含めて、各自の責任において対処するべきとされた。これに対し「連帯の原理」では、労災は統計学的に一定の確率で発生するのだから個人の努力によっては避けられないとされ、労災による不利益は社会の構成員が平等に負担するべきとされる。この「連帯の原理」を可能にするのが社会保険という制度である。ここでは、社会保険によって対面的な相互扶助が不要になっており、個々人は対面的な相互扶助集団に対する道徳的な貢献から自由になることができる。また、社会保険は加入者の認識がどのようなものであれ匿名的な相互扶助集団を形成するものであるが、この集団形成は結果的に加入者に匿名的な相互扶助の感覚を醸成することに繋がるという［Ewald 1991, 2002; ロザンヴァロン 二〇〇六（一九九五）］。

このように、個人主義的な備えであると同時に匿名的な相互扶助でもある保険は、対面的な相互扶助を置換する制度とされてきた。それでは、ガーナの健康保険は相互扶助とどのような関係にあるのだろうか。この問いに答えるための準備作業として、健康保険が導入される以前の医療費の支払いがどのような形で行われていたのかを確認しておこう。

アフリカにおける医療費の支払い

アフリカにおける医療費の支払いは、国家による医療サービスの無償提供の不備や崩壊の結果として生じたとされる。

二章で取りあげたファン・デル・ヘーストの議論をもう一度振り返っておこう。彼によると、カメルーン南部では、病院やヘルスセンターでは無料で提供されている薬剤が、多数の無認可の薬剤商人によって非合法に販売されている。この非合法の薬剤の販売は、国家に公認されている合法的な薬剤の供給の不備を穴埋めするものである。慢性的な予算不足から薬剤不足に陥っていた病院やヘルスセンターは、当該地域で暮らす人々に薬剤を充分に供給することができない。薬剤商人はそれを補う形で薬剤の供給に寄与しているという。つまり、ここでは無認可の薬剤商人によって医療費の支払いという現象が作り出されているのだが、それは国家による医療の無料提供の不備によって準備されているのである［van der Geest 1982］。

また、アフリカにおける医療の有料化・民営化についてまとめているターシェンは、一九七〇年代にはWHOを中心に国家による医療サービスの無料提供が称揚されていたが、一九八〇年代に入り構造調整が実施されるようになると、医療予算削減の観点から医療サービスの有料化・民営化が推進されるようになったと指摘している(1)［Turshen 1999: 1-5］。

しかし、人々は必ずしも個人単位で医療費を支払ってきたわけではない。医療費の支払いに当たっては、様々な形での対面的な相互扶助が行われていることが繰り返し指摘されてきている。例えば、ウガンダで調査をしたホワイトは、薬剤を買い与えることが最も端的に愛を表す手段になっていること［Whyte 1997: 209］や、病院から流用された薬剤が贈与財として用いられていること［Whyte 1992］を指摘し、医療費の支払いの発生が対面的な相互扶助が活用される新たな領域を作り出してきたことを明らかにしてきた。

このように、アフリカにおける医療費の支払いは、国家による医療サービスの無料提供の不備や崩壊によって引き起こされ、対面的な相互扶助が行われる場とされてきた〔浜田 二〇〇六〕。本書の対象地域であるガーナ南部の農村部においても、医療費の支払いは同様に位置づけることができる。

多くの植民地と同様に、英領ゴールドコースト（現ガーナ）においても導入当初の生物医療は主に植民者を対象としていた。被植民者の健康を維持する必要が認識され、彼らに医療サービスが提供されるようになるのは一九二〇年代のことである。しかし、散発的になされるキャンペーンを除けば、農村部で暮らす人々に医療サービスが提供されることは稀だった。ヘルスセンターの数が増え、農村部で暮らす人々にも医療サービスが利用可能になるのはガーナ独立後の一九六〇年代になってからである［Addae 1996］。

独立（一九五七年）当初のガーナでは病院やヘルスセンターにおける医療サービスや医療品は無料で提供されていた。とはいえ、病院やヘルスセンターはすべての人が気軽に利用できるほど多数存在しているわけではないため、遅くとも一九七〇年代後半までには、「第三世界」の多くの地域［Cunningham 1970; van der Geest 1982］と同様に、ガーナ南部の農村部でも病院やヘルスセンターを補う形で薬剤商人による薬剤の販売が行われていたと考えられる。(2)

一九八〇年代初頭に、旱魃に端を発する経済不況などの影響で薬剤を一切輸入できなくなるなかで、病院やヘルスセンターが慢性的な薬剤不足に陥ったことを受けて、ガーナ政府は一九八五年に構造調整の一環として医療サービスと医療品の有料化を決める［Adams 2002］。特に、一九九三年にキャッシュ&キャリーという名で導入された新制度は、輸送費や保管費を含めた薬剤に掛かる全費用を患者に負担させるものであり、独立当初に存在していた国家による医療費の肩代わりを大幅に縮小するものだった［Nyonator, Asare, and Tayvia 2001］。

ガーナにおいて、医療費を支払う際に対面的な相互扶助がどの程度活用されてきたのかについてはこれまでほとんど議論されてきていないが、三節で後述するように、ガーナにおいても医療費の支払いは、対面的な相互扶助が活性化する主要な領域のひとつとなっている。

問題の所在

これまで述べてきたように、構造調整以降のアフリカでは医療費の支払いは対面的な相互扶助が活発に行われる場とされており、保険は対面的な相互扶助を個人主義的な備えと同時に匿名的な相互扶助で置換するものとされてきた。ここからひとつの仮説を導きだすことができる。すなわち、ガーナにおける健康保険の導入は、医療費を支払う際にこれまで行われてきた対面的な相互扶助を弱体化させ、医療費負担に対する自己責任の感覚と匿名的な相互扶助意識を喚起するという仮説である。

しかし、このような演繹的な推測を直ちに結論として受け入れるのは拙速である。その理由は三つある。

まず、すべての保険が匿名的な相互扶助であると同時に個人主義的な備えであるわけではなく、掛け金の設定方法や保証の内容といった細則によって、それぞれの保険が匿名的な相互扶助や個人主義的な備えとしての性格をどの程度持っているのかは異なる［ロザンヴァロン 二〇〇六（一九九五）：一一－四四；重田 二〇〇三：六五－八六；Baker 2002: 45-47; Stone 2002: 70-74］。

次に、保険の内容が同一であればそれに対する人々の認識も一定であるわけではなく、保険が匿名的な相互扶助や個人主義的な備えとして理解されるかどうかには、歴史的・社会的な偏差がある［ゼライザー 一九九四（一九七九）；Baker 2002］。そのため、ガーナの健康保険が自己責任や匿名的な相互扶助の感覚を喚起するかどうかを議論するためには、ガーナの健康保険の特徴に加えて、当該地域における健康保険の認識のされ方についても検討する必要がある。

最後に、先行研究は、保険に加入した後の経験に注目する一方で、保険に加入するまでの人々の実践は等閑視している。このことは、保険の加入者と非加入者という区分を自明視することにつながっているが、三節で明らかにするように、ガーナ南部の農村部では、健康保険の加入者と非加入者を明確に区別することは困難である。そのため本書では、健康保険に加入した後の経験だけではなく健康保険に加入するまでの経験を吟味した上で、健康保険に加入する場合と加入しない場合という二つの形態の医療費の支払い方法が共存する状況についても子細に検討していく。

以下、二節では、ガーナのNHISの制度的特徴を吟味することにより、それが匿名的な相互扶助としての性格を強く持っていることを明らかにする。同時に、クワエビビリム郡における健康保険の普及状況とその影響を記述することにより、健康保険の導入が自己責任の感覚を喚起する契機となっていることを指摘する。続く三節では、健康保険に加入する方法に注目することにより、加入者／非加入者という明確な区分の設定が実態を反映しえないことを明確にする。その上で、健康保険に加入する際には個人主義的な対応が必要とされる傾向があるが、同時に、対面的な相互扶助の重要性も温存されていることを指摘していく。

これらの作業を通して、ガーナのNHISが、(1)医療費負担の個別化を方向づける一方で、(2)必ずしも対面的な相互扶助を弱体化させるのではなく、むしろ、対面的な相互扶助が活用される新しい領域を作り出していることを明らかにするのが、本章の目的である。

二　NHISの特徴と普及状況

インフォーマル・セクターや農業といった不定期の収入で暮らす人々の多いアフリカの国々では、掛け金を収集することの困難から公的な健康保険に加入できるのは公務員などごく一部の人々に限られてきた。また、民間の保険会社も浸透しているとは言い難く、ごく最近まで健康保険はほとんど普及していなかった。そんな中、ガーナでは国民健康保険の創設が二〇〇〇年の大統領選挙の際に公約として掲げられ、二〇〇三年に「国民健康保険法」[GOG 2003] が成立するに至った。二〇〇四年以降、段階的に実施地域が拡大され、二〇〇七年四月までに、全国の一四一の運営主体のもと全人口の約二五%に当たる四〇〇万人弱がNHISに登録したとされ(3) [ISSER 2008: 185]、二〇一二年には全人口の三五%に当たる八八八万人が加入していたという [GOG 2013]。

アフリカの多くの国では国民健康保険制度は端緒に就いたばかりであり、それらの特徴についてまとまった議論はほとんどされていない。そのため本節ではまず、先行研究で扱われてきた保険との比較を通じて、ガーナのNHISが個人主義的な備えや匿名的な相互扶助としての性格をどの程度持っているのかについて明らかにしていく。

NHISの制度的特徴と匿名的な相互扶助

健康保険の導入は、医療サービスの有料化と共に構造調整の中で推奨されていた [Turshen 1999: 4] が、ガーナにNHISが導入されたのは、患者による医療費負担が始まった一九八五年から約二〇年後のことである。「ガーナにおける健康保険の設立のための政治的フレームワークより」という副題の付けられた政府文書に明記されているように、この時期にNHISが導入された背景にはコミュニティベース健康保険(4) (CBHI: Community-based Health Insurance) の成功への注目があった [GOG 2002b: 54]。

一九九〇年代以降、主に医療政策や医療経済学の分野で、CBHIに関する議論が活性化している [Wiesmann and Jutting 2000]。CBHIとは、村落や医療施設ごとに組織された健康保険の総称である。例えば、ガーナ中部のブロン・アハフォ州には、カトリック教会の支援を受けて、年間一・三US$の加入費を支払うと入院時の医療費が全額免除されるというCBHIが存在していたという［Atim 1999］。ガーナに一一〇ある郡のうち実に四二の郡に何らかの形のCBHIが存在していたという報告もある(5)［Osei-Akoto 2002］。

また、NHISは、医療の有料化に伴う医療サービスへのアクセスの格差を是正するものとして構想されていた。先述の政府文書では、(1)医療サービス実施時に患者の金銭的負担を無くすことにより、病気の際に医療費を用意できるか否かに関わりなく医療サービスを受けられるようになるという健康保険の利点が強調され、(2)国民健康保険をデザインする際には、平等性やリスクの標準化、所得に応じた掛け金の累進性に留意する必要があることが明記され、(3)すべての国民が国民健康保険に加入することが望ましいとされている［GOG 2002b: 54-55］。

ここで注目に値するのが、「所得に応じた掛け金の累進性」という発想である。この発想の特徴は、保険数理の発展によって可能になったリスク細分型の保険と比較することで明確になる。リスク細分型の保険では、加入者間の掛け金の差異はリスクの高低に基づいている。これは、従来の保険ではリスクの低い加入者がリスクの高い加入者よりも相対的に多くの掛け金を負担していたという認識に基づいてリスクの低い加入者の負担を減らすという、より個人主義的な性格の強い保険である［重田 二〇〇三］。それに対し、すべての加入者のリスクが一定であると想定した上で所得に応じて掛け金の差異を設ける健康保険は、大数の法則によってリスクに備える純粋に技術的な保険ではなく、匿名的な相互扶助に基づく再分配の機能を備えたものである［ロザンヴァロン 二〇〇六（一九九五）：三四－三九］。

二〇〇四年に導入されたNHISでは、この掛け金の累進性はやや複雑な形で部分的に実現されている。NHISへの加入方法は大きく分けて二つある。まず、公務員や一般企業などフォーマル・セクターで働いている者は、社会保障・国民保険信託（Social Security and National Insurance Trust）を通じて、給料の二・五％を掛け金として支払うことによって被扶養者とともにＮＨＩＳに加入することができる。次に、商人や農民などの自営業者やインフォーマル・セクターで働く人々は、郡ごとに一律に定められた掛け金を年単位で支払うことによってＮＨＩＳに加入することができる。一般に、フォーマル・セクターの加入者はインフォーマル・セクターの加入者よりも多くの掛け金を支払っており、給料が上がるほど掛け金も高くなる。[6]

また、インフォーマル・セクターで働く者と同一世帯であっても、一八歳未満の子供や七〇歳以上の老人は手続き料が徴収される一方で掛け金の支払いが免除されており、このことも保険を通じた再分配の制度化と考えることができる。ただし、この再分配は、必ずしも国家規模で行われているわけでも、すべての国民の参加するものでもない。その理由は二つある。

まず、農業やインフォーマル・セクターで働く人々に対して、ＮＨＩＳは強制加入ではなく任意加入性をとらざるを得ない。保険料を給与から天引きして徴収できないからである。インフォーマル・セクターの加入者は自ら加入費を持参して手続きをしており、加入する意思のない者に加入費の支払いを強制することは不可能である。つまり、健康保険を通じた再分配はＮＨＩＳの加入者のみが参加する形で行われているのである。更に言えば、健康保険に加入している老人や子供の医療費は、すべての国民によってではなく、健康保険の加入者によってのみ支えられていることになる。この任意加入性という特徴はＣＢＨＩの特徴を引き継ぐものであり、ガーナのＮＨＩＳが国家規模での社会保険だけでなくＣＢＨＩをもモデルとしていることを示している。[7]

次に、ＮＨＩＳの運営主体は、郡毎に設置された独立採算制の組織であり、掛け金の金額も郡ごとで異なっている。そのため、健康保険を通じた再分配はそれぞれの郡単位で行われており、郡の境界を超えて行われることはない。このことから、ＮＨＩＳが匿名的な相互扶助意識を醸成するならば、その単位は国家ではなく郡であると考えられる。

議論が煩雑になりすぎないように、ここで一度これまでの議論を匿名的な相互扶助という観点から整理しておこう。ＮＨＩＳは、(1)加入者のリスクを一定と仮定している、(2)掛け金の累進性を部分的に導入している、(3)老人や子供の掛け金を免除している、という三つの特徴から、個人主義的な備えというよりは、匿名的な相互扶助としての性格を色濃く持っている。ただし、匿名的な相互扶助は一次的には郡単位で行われており、その参加者も健康保険に加入した者だけとなっている。

ただし、ＮＨＩＳはここで述べた郡単位での匿名的な相互扶助とともに、国家単位での再分配としての性格も備えている。ＮＨＩＳには、ガーナ国内で供給されるすべての物とサービス及びすべての輸入された物とサービスに対して二・五％課税される間接税である国民健康保険税（NHIL：National Health Insurance Levy）が導入されているからである［GOG 2003］。二〇一二年の収支では、ＮＨＩＳの全収入の七四・〇％がこのＮＨＩＬに依るもので、社会保障・国民保険信託を通して支払われた掛け金は一八・三％を、それ以外からの掛け金は三・六％をそれぞれ占めているにすぎない［GOG 2013］。二〇一〇年以前の収入の比率については明確なデータが存在していないものの、ＮＨＩＬからの収入はそれほど大きくは変化しておらず、ＮＨＩＳの財源の大部分を占めている状況は変わっていないと考えられる［GOG 2010, 2011, 2012c, 2013］。

このことから、ＮＨＩＳにおける匿名的な相互扶助としての再分配はその範囲と論理の両方に関して二重化していることがわかる。掛け金と給付を通じた郡単位での再分配と税金の投入を通じた国家単位での再分配の二つである。両者の違いは、任意加入性を取る自営業者やインフォーマル・セクターの人々に、より先鋭的な形で現れることになる。ＮＨＩＳから利益を得ることができるのは掛け金を支払った加入者だけだが、ガーナで暮らすすべての人が間接税という形でＮＨＩＳに拠出していることになるからである。後に述べるように、この拠出範囲と給付範囲の不一致は、ＮＨＩＳが匿名的な相互扶助と同時に、個人主義的な備えとしての側面も備えている

表4-1　クワエビビリム郡健康保険登録者数推移（2004〜2007）

	プランカシ		Kb郡全体	
人口（2004）	10,783		189,457	
2004.12	17	0.2%	2,867	1.5%
2005.12	555	5.1%	41,712	22.0%
2006.12	2,558	23.7%	95,976	50.7%
2007.12	3,119	28.9%	117,213	61.9%

2004年の人口はGHSクワエビビリム郡局が、保険登録者数はKbMHISがそれぞれ提供。

ことを意味している。

クワエビビリム郡相互健康保険の普及状況とお得な加入費

以上の考察を踏まえた上で、本書の主な対象地域であるプランカシとクワエビビリム郡（Ｋｂ郡）におけるＮＨＩＳの運営主体であるＫｂ郡相互健康保険計画（KbMHIS : Kwaebibirim district Mutual Health Insurance Scheme）の普及状況と加入費の設定について見ていこう。

ＫｂＭＨＩＳの加入者は、郡内にある二つの病院と四つのヘルスセンター、二つの診療所に加え、郡外にあるひとつの病院とひとつのヘルスセンターの計九つの医療施設を原則無料で利用できる[8]。加入者が医療施設で利用した医療サービスと薬剤の代金は月毎にまとめられ、ＫｂＭＨＩＳから医療施設へ支払われる。プランカシで暮らす人々は、同町にあるプランカシＨＣに加えて、郡庁にあるカデＨＣ、アクォティアにある聖ドミニク病院の三つの医療施設を主に利用している。

プランカシ・エリアとＫｂ郡全体における、健康保険登録者数は急速に増加している（表４-１）。Ｋｂ郡全体での二〇〇七年一二月までの登録者数は一一万七二一三人で、これは二〇〇四年の推計人口一八万九四五七人の六一・九％に当たる。また、プランカシでの保険登録者数は三一一九人であるが、プランカシ・エリアに住む全ての人がプランカシで登録を行っているわけではないため、実際の登録者数はもう少し多いと思われる[9]。ただし、後述するように、すべての登録者が毎年加入費を支払って加入しているわけではない。プランカシにおいても、健康保険証を持っているが更新していない人が一定程度存在している[10]。

このように、ガーナ南部の農村部に位置するKb郡では健康保険が着実に普及してきている。つまり、健康保険は、一部の人が特権的に利用する制度ではなく、多くの人が存在を認知し、利用しうる制度となっている。

二〇〇四年のサービス開始当初、KbMHISの健康保険の加入費は大人一人当たり年間一〇セディだったが、二〇〇七年に一二セディ、二〇〇八年に一五セディと年毎に値上げされている。また、七〇歳以上の者は二セディの手続き料を負担することで健康保険に加入でき、一八歳以下の未成年も「世帯主」が一人につき二セディを追加することで加入できる[11]。また、三回を超えて医療施設を利用する場合には、追加の三回毎に一セディが必要になる。

写真 4-1　保険の更新作業を行う NHIS の職員。2008 年 9 月撮影。

一二セディという金額は決して安くはないが、極端に高いわけでもない。重症の場合には総コストが二〇セディを超えることも珍しくなく、聖ドミニク病院に入院する場合に請求される医療費は五〇セディにも達しうる。毎年加入し続けている人の言葉を借りるならば、健康保険は安くはないが、病気になったらより多くのカネが必要になる。一方で、二章で述べたように、プランカシにはケミカルセラーが四軒存在しており、そこから購入した薬剤を使用する者も少なくない。ケミカルセラーで薬剤を購入した人の平均コストが〇・三セディであることを考えると、そもそもヘルスセンターや病院の医療費は多くの人にとって高い買い物ともいえる。

プランカシHCの状況を見る限り、加入費による収入のみでKbMHI

Sを運営することは困難である。二〇〇八年九月に一〇〇人の加入者を対象に行った調査では、プランカシHCの一人当たりの平均コストは加入費の六七・八％にあたる八・一四セディだった[12]。一方で、二〇〇七年にプランカシHCを利用した加入者の延べ数は、プランカシでの登録者の一・九三倍となっている。加入者の中には加入費の安い一八歳以下の子供や七〇歳以上の老人も含まれることも勘案すれば、医療費に比べて健康保険の加入費が安めに設定されていることが分かる。医療費と比べて加入費が低く抑えられている背景には、先述したNHISに対する税金の導入がある[13]。

当該地域に暮らす人々も、医療費に比べて健康保険の加入費が安いという認識をもっており、健康保険に加入することはお得だと考えられている。このことは、ガーナの健康保険に対する税金の導入が、再分配であると同時に個人主義的な傾向を強めるものでもあるということを意味している。一般に、再分配は個人主義的な備えとは対立すると理解できる。しかしここでは、健康保険に対する税金の投入がお得感を喚起し、個人主義的な選択に基づいた健康保険の加入を誘引している。このようなイレギュラーな状況は、NHISが任意加入制をとっていることによって引き起こされている。税金の投入によって加入費が低く抑えられている健康保険が、それにも関わらず任意加入制であるために、税金の導入が再分配であると同時に個人主義的な利害意識を醸成するという状況を作りだしているのである[14]。

医療施設の拡大と自己責任の喚起

健康保険の加入者が増加したことによるもっとも目に見える変化は、病院やヘルスセンターの患者数の増加である。プランカシHCの患者数の増加が健康保険の加入者の増加と関連していることは、加入者と非加入者の患者数の推移を比較した図4-1から見て取れる。二〇〇六年初頭には保険加入者の患者数が非加入者のそれとほぼ同数となり、同年一〇月以降は保険加入者の患者数が非加入者の患者数を圧倒している。[15]

プランカシＨＣの運営予算は、「外来サービス料」という名目で（患者から直接、またはＫｂＭＨＩＳを通じて）徴収されている医療費から捻出されている。このため、ＮＨＩＳの導入に伴う患者数の増加は自動的に各医療施設の運営予算の増大につながる。同時に、外来サービス料は値上げされる傾向にあり、このことも運営予算の増大に拍車をかけている。ＮＨＩＳの設立以前、〇・七セディだった外来サービス料は、二〇〇七年八月にＧＨＳの指示により一・二セディに値上げされ、二〇〇八年にはＮＨＩＳによって一・九五セディへと値上げされている[16]［GOG 2008］。

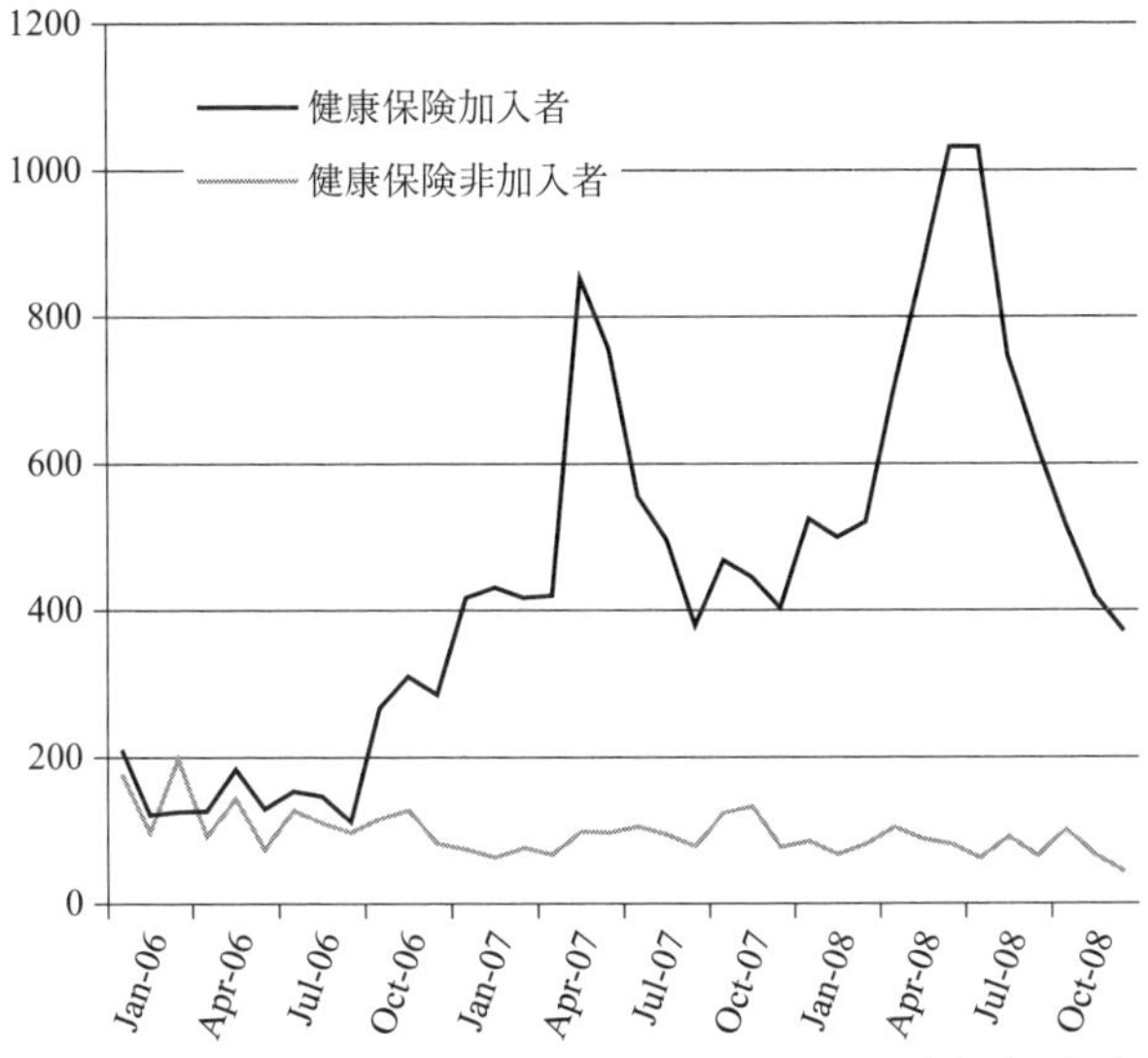

図 4-1　プランカシ・エリアとＫｂ郡全体における健康保険登録者数（プランカシＨＣの記録をもとに作成）

この運営予算の増大は、それぞれの医療施設を経済主体として立ち上げることに繋がる。プランカシＨＣでは余剰の運営予算を利用して、事務職員の雇用、病棟の整備、機器の購入を行っている。まず、慢性的な人手不足を補うため二〇〇六年六月から段階的に四人の事務職員が採用された。カデＨＣで三～六カ月の研修を受けた後にプランカシＨＣに配属された彼女たちの給与は、銀行を通して政府から受給している他の職員と異なり、プランカシＨＣにプールされた運営予算から支払われている。[17]また、患者数の増加に伴って増加するカルテの保管場所を確保するために新たな棚を

写真 4-2　プランカシ HC に置かれた NHIS への加入を呼びかける看板。2009 年 10 月撮影。

設置したほか、病棟のペンキを塗り直し、体重計・血圧計・体温計といった検査機器を新調し、ＧＨＳの郡局に提出するレポートを書くためにＰＣとプリンターを購入した。更に、夜間に訪れる急患のために、ヘルスセンターの敷地内に蛍光灯を五つ設置している。これらの出費は、プランカシＨＣの職員の会議で決められた後に、ＧＨＳの郡局の許可を得て行われている。医療施設における事務職員の追加雇用や設備投資の増大はプランカシＨＣのみに見られる現象ではない。カデＨＣでも病院への昇格に伴って入院設備の建設が二〇〇七年から始まっている。

増加した運営予算を用いて、独自の判断で職員の雇用や設備投資を行う医療施設の姿は、収益を上げた企業が事業を拡大していく姿を連想させる。ＮＨＩＳの導入は、患者数を増加させることによって個々の医療施設の医療的作業を増やすと同時に、運営予算を増加させることによって個々の医療施設を「より良く」運営するための判断とその実行を可能にしている[18]。

病院やヘルスセンターが健康保険の普及に果たした役割を考えると、このような医療施設の経済主体化の意義は小さくない。二〇〇四年のＮＨＩＳの導入から二〇〇八年八月までの四年間、プランカシＨＣでは毎朝行われている診断開始前の讃美歌の合唱に続いて、健康保険に関する説明と加入の推奨が行われてきた。同時に、健康保険に加入していない患者に対しては、診断の開始時に「なんで健康保険に入っていないの?」という質問がなされてきた。つまり、プランカシＨＣは健康保険を推進するだけではなく、健康保険に加入していないことに対する倫理的責任を喚起・追及してきた。ＧＨＳから相対的に自立し、経済主体となっていたプランカシＨＣの職員たちは、患者たちにも同様の存在であることを求めていたのである。

三　健康保険の入り方――個別化と相互扶助のゆくえ

前節では、NHISの制度的特徴と健康保険の普及状況を記述することにより、NHISが⑴匿名的な相互扶助としての性格を強く持っており、⑵経済合理的な判断に基づいた個々人の加入を誘引する構造を備えており、⑶間接的に自己責任の感覚を喚起していることの三点を確認した。

それでは、人々はこのような特徴を持つ健康保険にどのように加入しているのだろうか。本節では、この点について記述することを通して、⑴健康保険の加入者と非加入者という分類が困難であること、⑵健康保険に加入する際には個人主義的な対応と同時に対面的な相互扶助が重要となっていること、を明らかにしていく。そのためにまず、健康保険に入るために貯蓄が必要になるという点に注目しながら、健康保険に入ることがどのような経験なのかを明らかにしていこう。

カネを貯める必要と方法

健康保険に加入していない理由を尋ねると、ほとんどすべての人が「カネがない *Mimi sika*」と答えることからも分かるように、健康保険に加入する際の最大の障害は加入費の支払いである。しかし、Kb郡の人口の六〇％強が一度は加入したことがあることからも分かるように、一二セディという金額はどうしても払えないほどの高額ではない。とはいえ、それはいつでも簡単にポケットから出せるような額でもない。多くの人にとって、一二セディという金額は計画的に貯蓄すれば用意できる額である。

当該地域では、定期的に一定の金額を支払うことによってカネを貯蓄する方法をススと総称するが、これには、頼母子講型、集金人型、銀行型の三つの形態が含まれている。

頼母子講型は、発起人が親族や友人を集めて始める形態のススである。発起人は、予め決めておいた一人毎の拠出額を週毎に参加者から集めて回り、集まったすべてのカネを毎回一人の参加者に渡す。これを参加人数と同じ回数繰り返し、すべての参加者が一度ずつカネを受け取るとそのススは一度終了する。その後、同じ参加者でススを続けることも可能だが、ススをやめることも、新たな参加者を募って別のススを始めることも可能である。参加者の人数や周期の長短、一人が持ち寄る金額は、発起人を中心に参加者によって決められる。この形態のススの利点は、手持ちのない者がススを通じて初期に大金を得ることにあるという。また、毎週決まった額をススに拠出することによって、浪費を避け、貯蓄できるという利点もある［Bortei-Doke and Arteerey 1995; 野元 二〇〇五］。

集金人型は、頼母子講型のススの後者の利点に注目し商業化したススで、銀行型の普及する数年前まではプランカシで最も一般的に見られた。集金人は、毎日、町の中の顧客を訪ねて回り、決められた額を受け取っていく。一回毎の支払金額は、個々の利用者が自由に決めることができる。利用者は、三一回の支払いを済ませると、三〇回分のカネを受け取る。一回分の支払額は、それまでの保管料として集金人の取り分となる。支払いを三一回済ませる前にそれまで預けていた金額を受け取ることもできるが、その際にも一回分は集金人の取り分となる。集金人型のススは、個人単位で支払金額や支払い周期を決められることや他の参加者との交渉なしに解約できるため、頼母子講型と比べて個々人の希望に沿った形で利用できるという利点をもっている[19]。

銀行型は、銀行が集金人型のススを行っているもので二〇〇六年頃から急速にプランカシに普及し、現在もっとも利用者数の多いススの形態である。集金人型と同様に、月曜日から金曜日までの週五日、顧客が決めた金額を職員が受け取りにくるが、先述の二つの形態のススと異なり、銀行型のススには特に終わりが定められていない。顧客は好きな時に好きな額を引き出すことができる。集金人が預けたカネの保管料を取るのに対し、銀行は利子を支払っているが、予め利率が提示されることがない上に二〇〇七年の利率は〇・一％程度であり、多くの人が利子を主目的として利用しているとは考えにくい。

人々によると、これらのススの利点は手元にカネを置いておかなくて済むことにある。携帯電話のユニット[20]を売っている二〇代の男性であるマイケルは、次のように説明する。「もしお前が自分の部屋にカネを貯めていたとする。友達が遊びに来た時にそれを見たら、『あれを買うから、カネをくれ』とみんな言う。そして、カネを持っていってしまう。銀行に預けておけば、それはできない。わかった？」。この説明を理解するためには、タクシードライバーのサムエルの次の言葉を聞く必要があるかもしれない。「もしお前がポケットにカネを持っていて、誰かに『あれを買うから、カネをくれ』と言われたら、あげるべきだ。そうすれば、みんなお前を好きになる。『カネがない』と言って渡さないのは、良くない」。

ススを利用することによって、友人や親族にカネをせびられることを回避し、貯蓄していくことの先に、人々はどのような使い道を考えているのだろうか。商売をしている者たちは、ススで貯めたカネを用いて売り物を仕入れるという。その上で、他の使い道としてもっとも頻繁に言及されるのが、子供の学費である。ススを通じてカネを貯めて購入する対象として健康保険が言及されることは稀であるが、「健康保険は？」と聞くと、大抵の人は「健康保険も」と答える。しかし、貯めたカネの使い道として健康保険よりも子供の学費が優先されるのが一般的である。

学費と健康保険

ガーナでは、学期毎に三～五セディ程度だった公立の小中学校の授業料が二〇〇七年九月に無料化されている。

とはいえ、教科書や制服代などを含めると、学期初めの九月には一五セディ程が必要になることもある。また、高校の入試を兼ねた中学の卒業試験の登録料は三八セディである。私立の小中学校の授業料は様々だが、プランカシでは学期ごとに一二～二五セディとなっている。[21] 比較的裕福な親を持つ一〇人以上の子供がカデにある私立の小中学校に通っているが、これには学期毎の八〇セディの授業料に加えて、毎日二セディ程の交通費と食費が必要になる。寄宿制の高校に通う場合には、授業料や食費などを合わせて年間二〇〇セディ強が必要になる。[22] 高校を卒業した者の中には、よりよい職を求めて、教育学校や看護学校、大学などに入る者もある。

人々は、学費さえ工面できれば子供をより良い学校に通わせたいと考えている。学費が用意できないために中学卒業までも通えない者がいる一方で、高校への進学は男女ともに現実的な選択肢と考えられている。とはいえ、高校卒業までの学費を出すことは簡単ではない。寡婦の子供が高校を卒業したことが分かると、人々は彼女の努力を誉めたたえる。多くの子供を産み育てることが望ましいとされる一方で、ヘルスセンターの家族計画を利用するなどの方法で子供の数を抑えようとする者もある。その理由として挙げられるのも、子供の学費を払うことの難しさである。子供の数を減らすことによって、一人一人により高いレベルの教育を受けさせたいのだという。

毎朝早くからワチェ[23]を売り、完売した後は畑でトウモロコシや唐辛子を育てることによって生計を立てている寡婦のルカヤも、できる限り良い学校に子供を通わせたいという。彼女の一人娘であるサラはカデにある中学校に通っているため、学期毎の授業料である八〇セディに加えて、平日には交通費と食費として二セディが必要になる。また、二〇〇八年度はサラが中学の最終年にあたっていたため、年度末に行われる高校の入学試験の登録料として三八セディが必要になる。ルカヤは銀行型のススを利用することにより、毎日〇・五セディずつを貯め、授業料の足しにしている。一人娘の教育に金をかけるルカヤは、健康保険の加入費を支払う余裕がないという。

子供の教育が重視されることによって、どうしても健康保険は後回しにされる。子供が高校に通い始めるにあたって、それまで加入していた健康保険を更新できなくなる者もある。また、二〇〇四年一〇月にＫｂＭＨＩＳがサービスを開始して以来、一〇月から翌年の九月までの期間に健康保険を購入する加入者が多いが、新年度の開始時に当たるこの時期は特に人々が学費に頭を悩ます時期でもある。授業料は、学期初めに全納することになっているが、その後数か月の間に分割して支払う者も少なくない。そのため授業料を払い終えるまでの間は、加入期間の終わった健康保険が「死んだ *wu*」状態のまま更新されないことも多々ある。このことは、健康保険が加入や更新をした月から一年間有効であるに対し、学校の授業はそうはいかないことと関係している。

健康保険が「死んだ」状態のまま更新されない期間があるということは、個々人が健康保険の加入者と非加入者というカテゴリーをたびたび横断しているということであり、人々を健康保険の加入者と非加入者に容易に分類できないということである。このような現象は、(1)任意加入性というＮＨＩＳの特徴、(2)貯蓄しなければ捻出できない（貯蓄すれば捻出できる）金額の掛け金、(3)健康保険よりも学費が優先される状況、といった諸条件が絡まりあうことによって方向づけられている。

医療費負担の個別化

当該地域では、友人や親族に対しカネが贈与されるのはさほど珍しいことではない。葬儀場や結婚パーティーの会場に顔を出した者は一定の額のカネを贈与する。また、特別な機会ではなくても、例えば露店で昼食をとっているときに友人が通りかかった際には「一緒に食べよう」と誘うべきだとされているし、カネを持っているとされている者が友人にご馳走することは頻繁に見られる。先述した運転手のサムエルの「カネをあげるべき」という発言は、このような状況を反映したものである。もちろん、カネを持っている者は必ずしも多くの人にカネを配りたいと考えているわけではなく、誰かにカネをせびられたときに「今はカネがない」と言って拒絶することもある。

病気もカネの贈与が行われる典型的な機会のひとつである。特に長期にわたって病床に伏している者に対しては、同じ教会に所属する成員たちによって「愛を教える *kyere odo*」と呼ばれる対面的な相互扶助としての性格の極めて強い贈与が集団で行われる。[24] また、緊急に病院やヘルスセンターに運ぶ必要があると判断されるような重病の際には、病者やその家族の依頼を待たずともその場に居合わせた知人や友人が医療費や交通費を援助する。病気や怪我でひどく苦しむ者を前にした時、対面的な相互扶助の持つ規範的な強制力は最大限に発揮される。

それに対し、健康保険の加入費を支払う際に親族や友人に頼ることは稀である。この背景には、病気になる前に予め加入費を支払っておかなければならないという健康保険の特徴がある。健康保険が実際に使用可能になるのは加入手続きから約二か月後であり、更新の際にも手続きから一週間は利用できない。これは、リスクの高い者がより多く健康保険に加入する「逆淘汰」と呼ばれる現象（例えば、病気になった後で健康保険に加入するという現象）を防ぐためである。誰も病気になっていない時点では、加入しようとしている者やその親族や友人は、健康保険の加入費を支払うことへの緊急性や切迫性を実感できない。[25] そのため、当該地域においては、病気になってからの医療費の支払いとは異なり、健康保険の加入費は個々人が計画的に貯蓄することによって支払うのが一般的である。

以上のことから、先行研究で主張されてきたように、ガーナのＮＨＩＳも、医療費負担における対面的な相互扶助を弱体化させ、個人単位での計画的な医療費負担を促すという形で責任の個別化を方向づけているといえよう。

語り口としての対面的な相互扶助

ＮＨＩＳが医療費負担の個別化を促すということや、税金の投入によって喚起されたお得感がＮＨＩＳに加入する動機のひとつとなっていることからは、ＮＨＩＳが個人主義的な備えとしての性格を持っていることがわかる。このことは、多くの人が健康保険を間断なく更新し続けることができないという状況を考慮したとしても、変わることはない。

保険という制度の利点のひとつが現在において未来の不確定性に対処することにある［Ewald 1991: 208-209］ならば、多くの人にとって常に健康保険に加入し続けることが困難であるというプランカシの現状は、重病の際の高額出費に備えるという意味での健康保険の意義を減じているようにも見える。加入している間にのみ重病になる危険があるわけではないからである。しかし、健康保険は重病になって高額の医療費を負うはめになるという危険の他に、もうひとつの危険にも対処している。それは治療が失敗するという危険である。プランカシＨＣ、カデＨＣ、聖ドミニク病院という三つの医療施設を使い分けているプランカシの人々は、ある医療施設での治療に失敗しても、より優れていると考えられている他の医療施設を利用することもできる。加入期間中であれば何度でもただで治療を試みることのできる健康保険は、少なくとも治療に失敗する危険性には充分に対処するものである。

このように、ＮＨＩＳは医療費負担に対する個人主義的な備えとして機能している。健康保険の加入理由に関する二〇代の男性であるヤオの次のような発言はこの点を強調したものである。いわく、「手術をすれば、二〇〇セディ以上も必要になる。それに比べれば、年間一二セディは高くない」。彼は、個人単位での高額出費の危険性を強調し、あくまでも経済合理的な計算に基づいて健康保険に加入していると説明する。そのため、ヤオは自身が病気にならなかったために加入費が無駄になることには何の問題もないという。

しかし、必ずしもすべての人が個人主義的な備えとしてＮＨＩＳに加入していると説明するわけではない。むしろ、対面的な相互扶助意識に基づいてＮＨＩＳに加入したという語り口を用いる者の方が多数派である。

例えば、二〇代後半の女性であるエフィアは、自分が病気にならなかった場合に加入費が無駄になるのではないかという指摘に関して、「自分が病気にならなくても、母親が病気になるかもしれない。その際に自分のカネが彼女のために使われるから問題ない」という。「この一年、家族みんなが病気にならなかったら?」と更に問うと、「それはありえない。もしそうだとしても私のカネが他の誰かのために使われる。だから問題ない」という。

ここでは、「他の誰かのため」に加入費が使われることも「問題ない」という匿名的な相互扶助意識の萌芽を見て取ることもできるが、その可能性については「ありえない」と否定的な見解が予め示されている。むしろ、「母親のため」という対面的な相互扶助の語り口が最初に用いられ、強調されている。多くの人々は、エフィアのように、病気にかからなかった際の自分の掛け金の使い道を家族や友人など身近な他者との関係において説明する。

ヤオとエフィアに代表される見解、つまり高額出費の危険性を強調する見解と対面的な相互扶助を強調する見解には、健康保険の加入の断続性に対する態度に微妙な差異がある。先述のように、高額出費の危険性を回避することを重視する場合、加入期間が断続的になることは大きな問題となりうる。それに対し、自分の掛け金が誰かのために使われるという説明にのっとれば加入期間の長短や断続性は問題にならない。このことから、対面的な相互扶助を強調する見解が支配的になっていることは、多くの人が断続的にしか健康保険に加入できないという点と関連していると推測することも可能だろう。

いずれにしても、健康保険の加入期間中に病気になるかどうかは不確定であり、NHISに加入することで必ず得をするという保証はない。人々は、健康保険の加入が結果的に損になる可能性をよく認識している。それでも健康保険に加入する理由について、多くの人々は対面的な相互扶助の語り口を用いて自分の加入費の使われ方を説明する。ヤオのようにあくまでの個人主義的な備えとして健康保険に加入したという者は極めて稀である。

このように、健康保険の賭け事的な性格についての人々の認識からは、彼らが個人主義的な備えとしてだけではなく、対面的な相互扶助意識にも基づいて健康保険に加入しているという事実が浮かび上がってくる。

対面的な相互扶助の新領域

同時に、対面的な相互扶助は医療費の拠出とは別の領域において新たな重要性を獲得している。この点を明確にするために、少々込み入った議論になるが、子供を健康保険に加入させる方法について詳細に検討していこう。

先述のように、一八歳以下の未成年は一人当たり二セディの手続き料を支払うことで、「世帯主 household head」として登録された成人と一緒に健康保険に加入することができる。また、カネがないから健康保険に加入できないという人々も、せめて子供だけは加入させたいと考えている。そのため、妻を「世帯主」として登録し、妻と子の加入費を支払いながら、「カネがない」ために自身は加入しない男親も珍しくない。

健康保険に加入し、ＫｂＭＨＩＳの管理する加入者名簿に「世帯主」の名前を冠したひとつの世帯の成員として登録されることは、「世帯主」と成員の関係を固定化する効果を持っている。個々人に配布される健康保険証には、加入者の名前とともに「世帯主」の名前が明記されている。そのため、ひとつの「世帯主」との関係を解消し、他の世帯の成員になるためには健康保険証の再発行が必要になる。しかし、少なくとも加入者にとっては手続き料が再度必要になるために、そしておそらくは職員にとっても保険証の再発行は加入者名簿の変更などの煩雑な手続きが伴うために、望ましいことではない。

しかしながら、当該地域には「住居と家計を共にする集団」という意味での世帯に相当する概念が無い[26]。また、ＫｂＭＨＩＳの制度上も、「世帯主」とはどのような存在なのか、あるいは健康保険に加入する「世帯主」と彼／女とともに加入する未成年の関係がどうあるべきかについては、曖昧さが残されている。

ＫｂＭＨＩＳには、加入手続きの際に参照されるような「世帯」や「世帯主」についての文章化された定義は存在しない。複数の担当者に別々の機会に尋ねたところ、以下のような回答を得られた。(1)「世帯」は、基本的には「夫婦とその子」のことであるが、そのうち住居と食事を共にする者がひとつの「世帯」の成員である。(2)実子でなくても住居と食事を共にする者はひとつの「世帯」の成員と見なしうる。(3)住居と食事をする場所が異なる場合、子供は任意の「世帯」の成員として登録することができる。(4)「世帯主」が加入費を支払うならば、「世帯主」の子供以外も一緒に加入することができる。これらの説明からは、「世帯主」についての三つの定義を抽出することができる。すなわち、(a)夫婦とその子からなる集団の長が「世帯主」、(b)住居か食事を共にする集団の長が「世帯主」、(c)NHISの加入費を支払っている人が「世帯主」、の三つである。このうち、すべての職員が最初に述べたのが一番目の定義であり、実情に一番即しているのが三番目の定義である。

このように、当該地域においては「世帯」、「世帯主」という概念は二重の意味で曖昧である。第一に、誰もが簡単に想起できるような明確な定義ではなく複数の定義が共存しているという曖昧さがあり、第二に、そのことによって個々人が複数の「世帯」に同時に所属することが可能であり、同時に、誰に注目するかによって「世帯」の範囲が変化しうるという曖昧さがある。このような状況の中で、健康保険の加入手続きの際に「世帯主」と共に加入する未成年の関係性が確認されることは稀であり、大抵の場合は加入者の申請する通りに登録されている。この背景には、これまで述べてきた「世帯」概念の曖昧さに加えて、プランカシの流動的な家族形態が、健康保険の要請する「世帯」の固定化とそぐわないことがある。プランカシでは、(1)複数の大人が共同で子供を育てることが一般的であり、(2)複数の大人のもとを行き来しながら幼年期や少年期を過ごす子供が多数見られる。

図4-2は、二四セディの加入費を払って一八歳以下の六人の未成年とともに「世帯主」として健康保険に加入しているアコスヤ(1)の親族図である。黒塗りの者が同一の家に寝泊まりし、白塗りの者は別の家に住んでいる。アコスヤが一緒に健康保険に加入している六人の子供のうち、実子は一人である。それに加えて成人に達してい

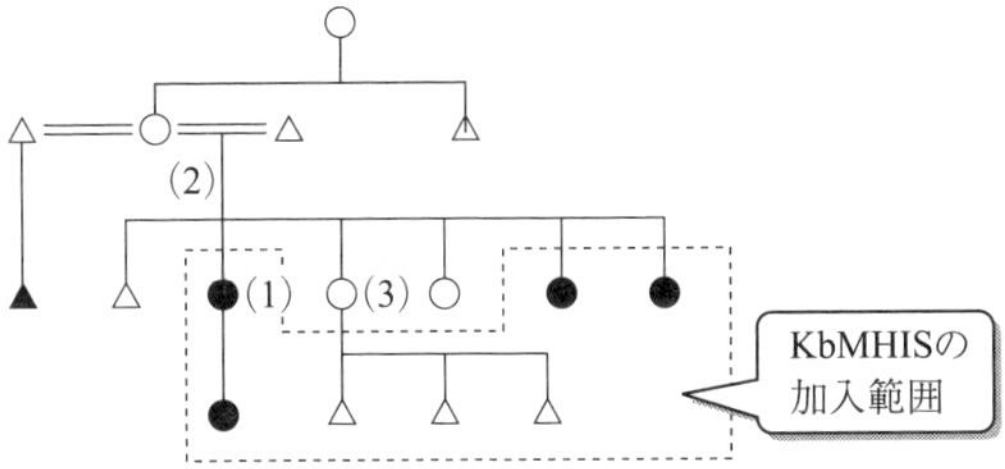

図 4-2　アコスヤの家族と健康保険の加入範囲

ない二人の妹と成人に達した妹であるアベナ(3)の産んだ三人の男児の計六人とともにアコスヤは健康保険に加入している。

「住居と家計を共にする集団」という一般的な世帯の定義に基づくならば、一緒に健康保険に加入している未成年のうち、同一の家で寝ることのないアベナ(3)の三人の息子はアコスヤとは異なる世帯の成員となる。また、アコスヤとその母親であるアジョワ(2)は完全に家計を共有していないため、同一の住居に居住している二人の妹も厳密にはアコスヤと同一の世帯を形成しているとは言い難い。

一方で、先述したＫｂＭＨＩＳの職員による「世帯」と「世帯主」の説明に基づけば、アコスヤの「世帯」における「世帯主」と未成年の関係には、取り立てて問題にすべきところは無い。アコスヤの二人の妹は彼女と住居を共にしているし、アベナとその三人の子供は一日の大半をアコスヤとアジョワの住居で過ごし食事も彼女たちと共にとることが多い。当人たちも、アコスヤ達の住居を「私の家 *me fie*」と表現することもある。つまり、アコスヤと健康保険に加入している六人の子供達は、「住居か食事を共にする集団」としてひとつの「世帯」を形成しているといえる。

ただし、アコスヤは未成年の加入費を払っているという意味での「世帯主」でないことには留意する必要がある。普段から、アコスヤとアジョワとアベナの三人は、状況に応じて食費や学費を融通しあっている。アコスヤの支払っている二四セディの保険料に関しても、アコスヤだけではなく、アベナやアジョワが部分的に負担している。結果、ここでのアベナやアジョワは、妻と子の保険料を支払いながらも自分は保険に加入していない夫とよく似た立場にある。

アコスヤのように、実子以外の未成年とともに健康保険に加入する者は少なくない。同時に、自分が健康保険に加入できない者は、できるだけ多くの子供が健康保険に加入できるように、加入している親族や友人に自分の子供の「世帯主」になってもらえるように頼みに行く。その際、子供の分の加入費のみを負担する者も少なくない。

例えば、五〇代の女性であるアコ(4)は、四人の子供と一人の孫とともに生活している（図4-3）。このうち健康保険に加入しているのは三人の子供と一人の孫であるが、彼ら彼女らと一緒に「世帯主」として健康保険に加入しているのは、それぞれ別の成人である。孫の義父、所属する教会の牧師、親戚関係にある小学校教師、隣に住む女性がそれぞれ一人ずつと一緒に健康保険に加入している。

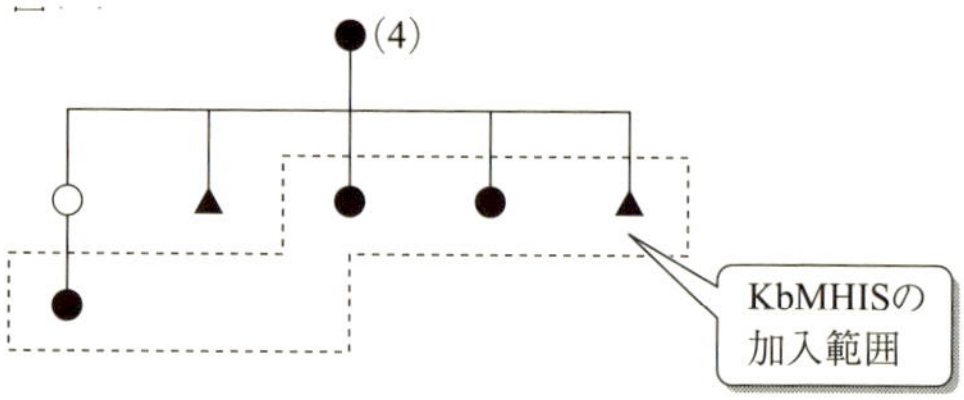

図 4-3　アコの家族と健康保険の加入範囲

アコの家族の健康保険加入状況を理解するためには、プランカシでは子供の面倒をみるものがたびたび変更される、ということを押さえておく必要がある。アクラなどに住む親戚や兄弟のもとで数年間過ごした子供がプランカシの親元に戻ってくることは決して珍しくない。アコの場合は、結核を患い長期の闘病生活を過ごしている間、子供達と一緒に健康保険に加入しているそれぞれの「世帯主」が一時的に子供達を引き取り、食費や学費を負担していた。治療に成功し、徐々に元気を取り戻しつつあるアコは、子供達を再度引き取ったが、自身で健康保険に加入する余裕はない。しかし、かつての「世帯主」達は、あえて「世帯」の成員を変更することはなかった。代わりにアコから子供の分の加入費を受け取り、引き続き子供達を自分の「世帯」の一員として健康保険に加入させている。

ただし、アコスヤの事例と異なり、アコの家族の健康保険の加入状況は、ＫｂＭＨＩＳの職員による「世帯」と「世帯主」の定義に基づけば不適切である。現状では、アコの子供達は、誰一人として「世帯主」と住居も食事も共にしていない。加えて、「世帯主」は子供達の実の両親でもなければ、加入費を支払ってもいない。しかし、アコスヤやアコの家族のような流動的で型にはまらない家族形態が一般的な状況において、個別的な事例が適切であるかどうかを判別することは極めて困難である。アコの事例にしても、それぞれの「世帯主」が子供達の加入費を自分で捻出していると言い張れば、アコスヤの事例と同様に問題にすべきところは無くなる。アコの子供達が、それぞれ別の「世帯」の成員として別々の機会に登録されていることからも、子供達の不適切な加入が例外的に見逃がされたのではないと考えるのが妥当だろう。

とはいえ、親戚や友人に子供と一緒に健康保険に加入してもらうという方法に思い当たらない者や、子供と一緒に加入してくれる「世帯主」を見つけられない者もいる。子供が保険に加入できるかどうかは、親の財力や計画性の有無だけではなく、子供を健康保険に入れるノウハウやそれを可能にする対面的な相互扶助の利用可能性によっても左右されている。

このように、「世帯」や「世帯主」の概念が曖昧であり、かつ、未成年の加入費が減免されているという状況の中で、人々は対面的な相互扶助を活用することによってできるだけ多くの子供達を健康保険に加入させることに成功している。このことは、人々がしたたかに制度の穴を突いていると解釈することもできうるが、同時に強調されるべきは、多くの子供を健康保険に加入させるための人々の行為が、「世帯」や「世帯主」という概念をルーズに定義しながら「世帯」単位で健康保険に登録するＮＨＩＳによって準備され、方向づけられているという点である。換言するならば、健康保険の導入は医療費負担の個別化を方向づけているだけではなく、それと同時に対面的な相互扶助が活用される新しい領域の形成を方向づけてもいるのである。

四　小結

本章では、二〇〇四年にガーナに導入されたＮＨＩＳの検討を通じて、当該地域において⑴健康保険の加入者にとって医療費の支払いと相互扶助はどのような関係にあるのか、⑵健康保険の導入は当該地域で暮らす人々の医療費と相互扶助に関する認識にどのような影響を与えたのか、の二点について主に議論してきた。

一点目に関しては、ガーナのＮＨＩＳが匿名的な相互扶助としての性格を強く持っている一方で個人主義的な備えとしての性格や自己責任の感覚を喚起する構造も持っていること、医療費負担の個別化を方向づける一方で対面的な相互扶助は医療費負担とは別の新たな領域で堅持されていることを明らかにした。

二点目に関しては、健康保険の導入が医療費負担に関する自己責任の感覚を喚起する契機となっていること、依然として対面的な相互扶助意識が温存されていることを明らかにした。

これらの事実は表4-2のようにまとめることができる。

この結果を先行研究の検討を通じて得られた仮説と比較すると、ガーナのＮＨＩＳは、必ずしも対面的な相互扶助を弱体化させておらず、むしろ、対面的な相互扶助が活用される新しい領域を作り出しているという特徴を持っていることが分かる。同時に本章では、この結論を導くための具体的な事例の検討を通して、保険について研究する際には、⑴保険に加入するまでの過程に注目する必要があること、⑵保険の加入者／非加入者という区分を自明視するのは危険であること、という二つの点についても説得的に提示した。

このような状況もまた、一見すると、システムとしての「生物医療」と現地社会の相互作用の結果として理解できるかもしれない。「本来」、システムとしての「生物医療」の一部を構成している健康保険は、責任の個別化

表 4-2　ガーナ南部における医療費の支払いと相互扶助の関係

		匿名的な相互扶助	対面的な相互扶助	個人主義的な備え
直接購入		−	＋	＋
健康保険（仮説）		＋	−	＋
健康保険	制度	＋	−	＋
	認識	−	＋	＋
	入り方	−	＋	＋

や健康の商品化といったシステムとしての「生物医療」全体が持っているとこれまで指摘されてきたような効果を発揮するはずだった。しかし、現地社会と相互作用した結果、健康保険は、責任の個別化や健康の商品化だけでなく、新しい相互扶助の形態を生みだしている、という理解である。

しかし、私達はここでもシステムとしての「生物医療」という発想を維持し続けることの困難に突き当たっている。

まず、三章で取り上げた顕微鏡と同じ様に、二〇〇四年に導入された健康保険は、極めて短期間のうちに、人々の選択や判断、経験に影響を与えている。ならば、システムとしての「生物医療」という発想が前提とするように、健康保険が現地社会の外部にあると考えることや、当該地域にかなり以前から存在していた薬剤やヘルスセンターと新しく導入されたばかりの健康保険を一括してひとつのまとまりと考えることは困難であろう。

次に、本章で明らかにしてきたのは、単に健康保険が現地社会にもともとあった枠組みによって理解されているということではない。もちろん、そのような側面がまったくないというわけではなく、それはそれでひとつの重要な発見でもあるのだが、ここで強調したいのは、ガーナの健康保険が、責任の個別化と対面的な相互扶助意識という一見、矛盾するような態度を「同時に」醸成しているという点である。このことは、健康保険が何かひとつの全体的な目的や流れのために奉仕するための歯車になってはいないことを意味している。つまり、健康保険がシステムとしての「生物医療」の一部であり、システムとしての「生物医療」は、それ自体、何か物事をひとつの方向に導いているというような目的論的な理解はここでは妥当しない。むしろ、ヘルスセンターなどの当該地域に存在する生物医療的な要素や、病者に対する扶助意識の強さといった非生物医療的な要素と絡まり合うことによって、複数の効果を同時に発揮していることを意味している。

最後に、これまで充分に検討することのできなかった、ガーナのＮＨＩＳと匿名的な相互扶助意識との関連について見通しを述べ、結論と接続しておこう。

健康保険に加入しても病気にならなかった場合に掛け金が無駄になるのではないかという私の質問に対し、先に引用したエフィアは、「他の誰かのため」に自分の加入費が使われることも「問題ない」と述べていた。この発言からは、匿名的な相互扶助意識の萌芽を見て取ることもできる。この匿名的な相互扶助意識の萌芽は、エヴァルド［Ewald 1991, 2002］やロザンヴァロン［ロザンヴァロン 二〇〇六］が取り上げるフランスの社会保険のように、福祉国家の基盤となりうるものなのだろうか。これがここで取り扱う問いである。

もし保険が加入者に匿名的な相互扶助意識を醸成するならば、郡単位で医療費をプールしているガーナのＮＨＩＳは郡単位での相互扶助意識を醸成するはずである。しかし、「同じ郡に住む者同士助け合う必要がある」というような明確な形で、匿名的な相互扶助集団の重要性が示されることは皆無である。同時に、当該地域では、〈Ｋｂ郡に住む者〉としての発言はほとんどなされない。人々は、日々の会話の中で、「プランカシは○○だが、カデは××だ」という町単位での比較、「北の方は××だが、私たちは○○だ」という地域単位での比較、「ナイジェリアは××だが、ガーナは○○だ」という国家単位での比較、「白人は××だが、黒人は○○だ」という人種単位での比較を頻繁に行う一方で、「Ｋｂ郡は○○だが、他の郡は××だ」という話がなされることはない。つまり、健康保険の加入に基づく匿名的な相互扶助意識はあくまでも萌芽状態に留まっており、現時点ではそれほど明確にはなっていない。

その理由に関して誰もがまっさきに思いつくのは、ＮＨＩＳの歴史の浅さが匿名的な相互扶助意識を醸成するのに充分ではないという説明である。確かに、導入から五年足らず、本格的に普及し始めてからの時間はそれよりも短いことを勘案すれば、この説明は容易には否定しがたい説得力を持っている。しかし、ここでは一歩進んで、別の説明を提示してみたい。歴史が浅いことだけが問題ならば、一〇年後、二〇年後には匿名的な相互扶助意識が醸成されることになる。そうはならないというのが、ここでの主張である。

注目すべきは、ガーナのＮＨＩＳが再分配を二重化するものだったという点である。二節で述べたように、ＮＨＩＳにおける匿名的な相互扶助は、掛け金と拠出を通じた郡単位での再分配と税金の投入を通じた国家単位での再分配に二重化している。このことは、匿名的な相互扶助集団に参加しているのが同一の郡に住む者だけなのか、それともガーナという国家全体がひとつの匿名的な相互扶助集団と見なしうるのか、に関する判断を曖昧化させ続けている。

同時に、健康保険の加入者と非加入者を明確に区分できないことが、匿名的な相互扶助意識の醸成を妨げている。参加が義務付けられている社会保険であれば、すべての国民は匿名的な相互扶助集団の一員であり、そうでない者は違う、と明快に区分できる。それに対し、任意加入であるＮＨＩＳでは、誰が相互扶助集団の一員であり、誰がそうでないのかはわからない。この不透明感は、本章二節で述べた断続的な加入によってより一層強調されている。

そんな中、人々は加入者同士の相互扶助ではなく政府からの援助という枠組みで健康保険を理解している。匿名的な相互扶助意識が表明されることが稀なのに対し、健康保険に際して「政府が助けてくれている」という表明は頻繁になされているのである。このことは、⑴ＮＨＩＳに税金が投入されていること、⑵ＮＨＩＳを普及するための宣伝が国家単位で行われていたこと、(3)NHISの導入が大統領選の公約だったこと、(4)NHISが官僚組織によって運営されていることと関連している。

この状況は、〈同一の保険に加入している私たち〉という健康保険の加入者間の匿名的な相互扶助意識が、〈私のことを助けてくれる国家〉という認識によって覆い隠されていると理解することができる。つまり、様々なレベルでの集団化（＝国家化）［フーコー 二〇〇八（二〇〇四）; Latour 2005］が継続的になされている中で、加入者間の匿名的な相互扶助に基づく健康保険による集団化は、政府からの援助というもうひとつの集団化によって不可視化されているのである。この状況が、保険という制度の持つ特徴――匿名的な相互扶助の制度でありながら保険者と加入者の契約の形態をとるという保険の特徴［Baker 2002: 45-46］――によって可能になっている点は強調しておくべきだろう。

社会保険がその加入者間の匿名的な相互扶助意識を醸成することにより福祉国家の基盤を提供したという見解は、社会保険が集団化のプロジェクトの重要な柱のひとつであったという主張である。フランスの福祉国家と同様に、ガーナの健康保険は国家化のプロジェクトの一部として位置付けることができる。しかし、ここで喚起されている国家は、平等な市民が横に連帯することによって形成されるような福祉国家でも、国家の役割を最小化する新自由主義的な国家でもない。二者間で縦の契約を結ぶことによってパトロンとして機能する国家である。

このことを裏付けるのが、二〇一〇年に健康保険の掛け金に対してなされた変更である。二〇一〇年の変更では、健康保険の加入期間が終わってから三か月以内に更新しなかった場合には、通常求められる一年分の掛け金の他に七セディを追加で支払うことになったという。保険数理の原則に基づくならば、ここで支払うべき追加料金は加入期間が連続するように月割りで換算された掛け金を未加入期間分支払うべきである。しかし、ここで支払うべき七セディという金額の根拠は極めて薄弱である。興味深いことに、人々はこの追加料金を更新が滞ったことへの罰金として考えていた。つまり、国家はやはり保険によって結び付けられた市民的連帯というよりは、庇護と罰を与えるようなパトロンとして想起されているのである。

二〇一四年六月の追記

二〇一四年六月にこの原稿を見直すにあたって、私は、最後に述べた見通しの正否を判定する機会がすでに失われていることを、正直に認めないわけにはいかない。ガーナ政府は二〇一二年に健康保険法を改正し、国民健康保険の実施主体を郡単位から国家単位へと変更しているからである。すでにガーナのＮＨＩＳの再分配の二重性は少なくとも範囲に関しては解消されており、この意味で、ここでの議論は現実から乖離したものとなっている。

同時に、ガーナ政府はそれまで行われていた世帯単位での加入を廃止し、子供についても個人単位での加入を認めている。このことは、健康保険が作り出した新しい形での対面的な相互扶助の様式がすでに失われていることを意味している。それに伴い、徐々にではあるが、親族の健康保険の加入料を支援するケースも聞くようになってきた。病者を目の前にした時のような切迫感がなかったとしても、医療費の支払いをめぐる対面的な相互扶助が行われるという事実は、人々の未来や健康、医療費に対する考え方の変化を意味しているのかもしれない。私がプランカシで見出し、本章で記述してきた対面的な相互扶助の新様式は、ＮＨＩＳの導入後、即座に生まれ、そして短命に終わった。しかし、それを記述することは無意味ではない。生物医療的な要素の移ろいやすさと、それに相応するようなスピード感を持って相互扶助のあり方が生成されていることを何よりも雄弁に語るものだからだ。

「おわりに」で述べるように、本章は二〇一〇年に『文化人類学』に掲載された論文に基づいているのだが、本書の出版に当たって記述を見直すにあたっては、その後に入手した数値的なデータに関する考察はできる限り取り入れるようにした。その一方で、全体の構成はできる限り原文のままにしようと心掛けた。二〇一〇年当時の論理展開を収録しておくことに一定の意味があると考えたためである。

註

（1）ターシェンによる医療の有料化批判の要点は、⑴医療サービスを受けることが裕福な者の特権になること、⑵治療志向になりがちな商業化した医療がマラリアやＡＩＤＳに対して有効に機能しづらいこと、の二点にまとめることができる［Turshen 1999: 1-5, 41-43］。

（2）九〇年代以降のガーナにおける薬剤の流通状況については、本書二章及びセナの著作［Senah 1997］を参照せよ。

（3）後述するように、すべての登録者が常に健康保険に加入しているわけではない。本書では、少なくとも一年以上健康保険に加入したことのある人を登録者と呼ぶ。

（4）上述の政府文章では、相互健康保険（MHI：Mutual Health Insurance）という用語が使用されているが、本書ではより一般的なＣＢＨＩを用いる。

（5）ＮＨＩＳの導入後、既存のＣＢＨＩがどうなったのかについてはまとまった報告が無く、詳細は不明である。また、本書の対象地域であるプランカシ周辺ではＣＢＨＩの存在は確認できなかった。

（6）データのある二〇〇五年以降、一貫してインフォーマル・セクターの加入者数がフォーマル・セクターの加入者数を上回っており、二〇〇九年のデータでは前者が後者の四・八倍に、二〇一二年のデータでは八・四倍に達している［GOG 2010, 2013］。

（7）とはいえ、ガーナのＮＨＩＳと一般的なＣＢＨＩの間には二つの大きな差異がある。まず、ガーナのＮＨＩＳは国家によって運営されている。ＣＢＨＩが個々の病院やＮＧＯによって運営されてきた［Wiesmann and Jutting 2000: 3］のに対し、ＮＨＩＳは大規模な宣伝を行いながら全国規模で推進されており、運営主体も官僚組織である。次に、ＮＨＩＳが入院費だけではなく、外来を中心としたほとんどすべての医療費を対象としていることは、ＣＢＨＩの多くが入院費のみを対象としていたこと［e.g. Atim 1999; Osei-Akoto 2002］と異なっている。

（8）事前に手続きをすれば、ガーナ国内にあるそれ以外の施設も利用可能である。

（9）仮にプランカシ・エリアの人口の六〇％がプランカシで健康保険登録をする可能性のある人だとすると、加入率は四八・一％になる。

（10）二〇〇四年の人口はＧＨＳクワエビビリム郡局が、保険登録者数はＫｂＭＨＩＳがそれぞれ提供。

(11)　二〇〇八年以降、保険証や登録作業などの経費という名目で、新規加入者のみ成人一人につき三セディ、被扶養者と高齢者一人につき一セディが追加で徴収されている。また、未成年の取り扱いについては三節で詳述する。

(12)　二〇〇六年一二月に行った調査では、プランカシＨＣの平均コストは四・二七セディだった［浜田 二〇〇八ａ］。同時期の調査ではないため単純に比較はできないとはいえ、二年弱の間に大幅にコストが増加している。その背景には後述する外来サービスの値上げと抗マラリア薬の高騰がある。

(13)　もちろん、ここで行った計算は限定的な資料に基づくもので、厳密さを欠いている。より正確には、ＫｂＭＨＩＳ全体の収支のバランスや収入に占める補助金の割合を知る必要があるが、二〇〇八年の調査時にはこの点についての情報提供を受けることができなかった。また、二〇〇九年のＮＨＩＳの年次レポートによると、ＮＨＩＳ全体の収入の六割以上がＮＨＩＬによるもので、収入全体に占める掛け金の割合（公務員の給与から徴収された分と各ＭＨＩＳに直接支払われた掛け金を合わせた数字）は一九・四％に留まっている［GOG 2010］。

(14)　このことは、当然のことながら、健康保険の加入費を払う余裕の無い人々は再分配から排除されていることを意味している。この点を批判することは容易いが、本書ではＮＨＩＳがもたらす複雑な影響をより詳細に分析することに焦点を当てている。

(15)　保険非加入者の数が毎月ほぼ一定なのに対し、加入者の患者数の増減は激しい。このことから、非加入者が医療施設を利用するかどうかは医療費を負担できるかどうかに依存していると推測することもできる。ならば、ＮＨＩＳの導入が保険加入者の医療施設へのアクセスを増加させたとして肯定的に評価することもできよう。

(16)　ただし、二〇〇八年の値上げはＮＨＩＳがすべての医薬品と医療サービスの価格を全国的に統一したことに起因しているため、二〇〇八年一一月の段階では、外来サービス料の値上げは健康保険の非加入者には適応されていなかった。

(17)　現地採用された事務職員の給与は、他の事務職員の六〇％程度である。

(18)　このように個々の医療施設がひとつの経済主体として立ち上がることは、既に医療施設のある都市部を中心とする地域に住む者に有利に働く。予算執行におけるヘルスセンターの権限が拡大していることは、新たな医療施設の建設というよりは既存の医療施設の充実へと繋がるからである。同時に、外来サービスを通じて集められた資金は基本的に治療志向の医療の充実に使用され、母子保健や疾病統制といった予防志向の医療の充実に当てられていない点にも留意する必要がある。

(19)　ガーナ南部のススについて調査したボアティ・ドクとアリーティによると、コレクター型のススは、一九八〇年代に構造調整の影響によって急激なインフレが起こった際に、貯蓄の流動性が選好される中で普及したという［Bortei-Doke and Aryeetey 1995: 88-90］。

(20)　ユニットは、〇・三セディを最低額とするプリペイド式の通話使用権である。

(21) 二〇〇六年に行った調査では、二〇・四%の生徒が私立学校に通っていた。
(22) ここで挙げた数字は、二〇〇七年一〇月から二〇〇八年九月までの年度のものであるが、その後も年々増額傾向にあることを指摘しておく。
(23) ワチェ（*wakye*）は、豆とともに炊いた米を乾燥させたトウモロコシの葉で赤く色づけした、ガーナ南部で一般的に見られる食べ物である。
(24) このようなキリスト教会の成員間で行われている相互扶助についてはこれまでも膨大な研究が蓄積されてきているが、現時点では、プランカシにおけるその実態について更に踏み込んだ議論を行う用意が無い。教会に基盤を置く相互扶助のあり方と本章で述べている複数の相互扶助のあり方との関係性については、今後の課題としたい。
(25) この実感の無さは、前節で述べた健康保険の断続的な加入からも伺い知ることができる。
(26) ガーナ南部の農村部において世帯をひとつの経済単位と考えることの不適切さについては、高根［一九九九：一二七－一六八］の分析を参照せよ。

結論　装置としての生物医療による複数の社会性の構築

一　システムとしての「生物医療」から装置としての生物医療へ[1]

本書では、「生物医療」を現地社会と相互作用しうるようなひとつのシステムとして扱う先行研究の枠組みがガーナ南部の農村部には適用できないことを確認した上で、現地社会の内部にあってそれを形作るような装置としての生物医療を描くという代替的なアプローチを採用してきた。ここまで主張してきたことを改めて確認するならば、「装置としての生物医療は現地社会の内部にあって、そこで暮らす人々の認識や態度を同時に複数の方向に導いている」ということである。

先行研究との比較で述べるならば、この主張には三つの大きなポイントが含まれている。

(1)装置としての生物医療の現地社会への内在性、(2)装置としての生物医療の動態性、(3)装置としての生物医療が同時に複数の効果をもつこと、の三つである。

生物医療的な要素の現地社会への内在性

生物医療的な要素やそれからなる装置が、現地社会を内部から構築しているという主張そのものは、実は人文・社会科学においてはそれほど珍しいものではない。

イリッチが『脱病院化社会』の中で無痛文化の存在を批判したとき［イリッチ　一九九八（一九七六）］、アガンベンが現代のホモ・サケルを医師が取り扱っていることを指摘するとき［アガンベン　二〇〇三（一九九五）］、ストラサーンが新しい生殖技術の存在が欧米の家族観に変容を迫っていると述べるとき［Strathern 1999］、あるいは、マーチンが免疫に対する想像力の変容がアメリカにおけるあるべき人間像に影響を与えている可能性を示唆するとき［マーチン　一九九六（一九九四）］、いずれの場合も、生物医療的な要素のあり方が現代社会のあり方に大きな影響を及ぼしているという含意があった。換言するならば、基本的に西洋を対象地域とするこれらの研究は、装置としての生物医療という概念こそ用いてはいないが、生物医療的な要素やそれからなる装置が現地社会の一部に組み込まれていることを自明視した上で、それらの要素や装置が具体的にどのような形で現地社会を構築しうるのかに焦点を当ててきた(2)。

同じことがアフリカおいても妥当する。これが本書の第一の主張である。これまで述べてきたように、生物医療的な要素はすでに人々の生活を構成する重要な要素のひとつとなっている。本書の冒頭で述べたように、人々は生物医療的な要素の存在を前提にして、日々の生活を組み立てている［序論二節］。また、成人の人口の八％にあたる人間が毎日ケミカルセラーで薬剤を購入しているし［二章四節］、薬剤は子供の誕生祝いとして贈られる［三章二節］。健康保険は、導入後すぐに普及し、ヘルスセンターの患者数を増加させている［四章二節］。もはや、これらの生物医療的な要素のまったく存在しない「純粋な」現地社会や人々の生活を想定することは不可能であり、「先行研究でシステムとしての『生物医療』を構成するとされてきた」という理由に基づいて、それらの要素が現地社会の外部にあると想定することもできない。

この意味で、生物医療的な要素がすでに現地社会の内部にあって、現地社会のあり方に内側から影響を与えているという点については、本書の対象であるガーナ南部の農村部と欧米や日本の間に、システムとしての「生物医療」や複数医療という枠組みが前提としてきたような絶対的な差異は存在しない。

そうであるならば、システムとしての「生物医療」という形で、生物医療的な要素の集積を理解することは、歴史的に見ても事実誤認に繋がる可能性が出てくる。序論で述べたように、行為としての生物医療は、学知やモノ、制度といった要素によって支えられている。システムとしての「生物医療」は、それらが緊密に結びついてひとつの総体として扱えるという仮説的な発想である。しかし、欧米や日本においても、アフリカにおいても、生物医療的な要素は、現地社会の外部に存在すると想定することはできない。

生物医療的な要素の様態と関係性の変容可能性

同時に、ガーナ南部における生物医療的な要素は必ずしも欧米や日本とまったく同じ様に存在している訳でもないことも、本書では主張してきた。

国際的な生物医療従事者市場の中で医師や看護師の供給国となっているガーナには、生物医療従事者不足に陥っている。この不足を補うための薬剤供給者としてケミカルセラーは重要な役割を担っているが、このことは生物医療従事者による薬剤の独占と、生物医学と強固に結びついた形での薬剤の使用を不可能にしている［二章三節］。生物医療的な要素の関係性はいつでもどこでも普遍的ではなく、このことがガーナと欧米の生物医療的な要素の様態の差異を生みだしている。

同時に、生物医療的な要素の様態は、生物医療的な要素間の関係性の変化によってだけではなく、非生物医療的な要素によっても変化しうることも本書では繰り返し強調してきた[3]。農業との掛け持ちと店番というありきたりの商売のやり方が、薬剤供給者としてのケミカルセラーの性質に重大な影響を及ぼしていること〔二章五節〕、教科書を通じて継承されている「伝統的な」血の観念や日常的に使用されているアポム・ディンやフラエといった単語が種々の薬剤の使われ方と関係していること〔三章二節〕、制度が想定する家族観とは異なる家族観の中で健康保険が対面的な相互扶助とも密接に関連するような相貌を見せていること〔四章三節〕。これらの事実は、生物医療的な要素が、宙に浮いた形で存在しているわけではなく、雑多に存在する非生物医療的な要素の中で、それらの要素と結び付きながらその性質を変化させ続けていることを明確に示している。

システムとしての「生物医療」という枠組みを用いるならば、これらの状況は、システムとしての「生物医療」と現地社会の相互作用の結果として、「生物医療」が変容あるいは、断片化しているというふうに理解されるだろう。しかし、これまでも繰り返し強調してきたように、生物医療的な要素と非生物医療的な要素の間に予め存在論的な差異を設定し、生物医療的な要素だけを抜き出してきて、現地社会の外部にひとつのまとまりを作っているという論理操作は、経験的な事実を反映していない。

仮に、そのような論理操作が発見的な役割を果たすために有用であるという主張を認めるとしても、システムとしての「生物医療」というまとまりを想定せずに、(1)生物医療的な要素を結び付けていく動きや、(2)生物医療的な要素の関係が断絶したままで保たれる様子、(3)生物医療的な要素と非生物医療的な要素がいかに共同で特定の効果を発揮していくのかを明らかにしうる、装置としての生物医療という分析枠組みの方が、より発見的である。

装置としての生物医療の効果の複数性

このように、その様態は必ずしも欧米と同じではないものの、ガーナの生物医療的な要素とそれからなる装置もまた、欧米を対象とする先行研究が指摘してきたように、医療や健康、病気についての人々の認識や態度を一定の方向に導いている。生物医療的な要素は、すでに現地社会の内部にあって、人々の行為や認識、判断の前提になっている。このことは、当然のことながら、生物医療的な要素がまったく存在しない状況と比べて、人々の行為・認識・判断が別の方向に導かれていることを意味している。

三章で述べたように、フラエという病気は基本的には薬剤によって対処すべきものと人々は考えている。また、葉酸の存在は、人々の血についての考え方や健康観に大きな影響を与えており、新たに導入された顕微鏡は直ちにフラエという言葉が指し示す身体の状況を変容させつつある。ただし、生物医療的な要素は必ずしも人々の行為や認識をひとつの方向に導いている訳ではない。〈一定の方向に導く〉ということは、〈その方向がひとつである〉ことを意味するわけではない。公衆衛生教育、ケミカルセラー、診察室、顕微鏡といった要素は生物医療的な要素と言いうるが、それぞれによって現実化されるフラエの意味は決してひとつではないからである〔三章五節〕。

また、四章で議論したように、健康保険の導入は、責任の個別化を方向づけると同時に、対面的な相互扶助の新領域を作り出してもいた。ここでも、生物医療的な要素とそれからなる装置は、人々をひとつの方向に導いていくというよりは、同時に複数の方向に導く効果を発揮していた。

このような、装置としての生物医療が人々を複数の方向に同時に導いていくという考え方は、欧米を対象とする先行研究でも、システムとしての「生物医療」に基づいた先行研究でも、これまでに明確に打ち出されてこなかった重要なポイントである。序論でも述べたように、「人間と事物からなる装置」を見出していく際には、対象とする効果から出発してどのような装置が存在するのか、形成可能なのかを考えるやり方と、対象とする要素がどのような効果を生みだすのかを分析していく方法の二つがありうる。

この際、効果から出発して見出した装置がひとつの効果しか持ち得ないのは当然である。しかし、その場合には、フーコーに代表されるように、既存のカテゴリーを横断する形でひとつの効果に寄与する要素が発見されるはずである。それに対し、医療人類学者が生物医療的な要素から出発して研究を開始するのならば、それらは必ずしも特定のひとつの方向に人々を導くわけではない。にもかかわらず、先行研究では、生物医療的な要素が一体的に人々を唯一の方向に導いていくというイメージを過剰に強調して生産してきたように思える。

ガーナの農村社会におけるケミカルセラーや健康保険といった生物医療的な要素を分析することで明らかになったのは、生物医療的な要素は必ずしも一体的に振舞っているのではなく、非生物医療的な要素とも結びつくことで、同時に相矛盾するような方向に人々を導いていっているという事実である。このような装置としての生物医療の特性、同時に複数の方向に人々を導くという特性は、ガーナ南部の農村部だけではなく欧米や日本にも妥当するのかもしれない。本書の記述からはそのことを主張することはできないが、この点については今後の課題としたい。

二　装置としての生物医療と複数の社会性の構築

最後に、装置としての生物医療が複数の社会性の構築に寄与しているという四章で示唆した事実について改めて議論することで、〈装置としての現地社会〉という序論の最後で提示した発想について本書で達成できたことを確認しておこう。

本書を終えるにあたって私がここで行おうとしているのは、これまでシステムとしての「生物医療」を不安定化させてきたように、社会や国家という枠組みを不安定化させようという試みである。システムとしての「生物医療」が想定するように生物医療的な要素が必ずしも一体的に振舞うのではないとするならば、これまでの記述において自明視してきた現地社会なるものも、実はひとつのまとまりとして想定できないのではないか。あるいは、カテゴリーとしての〈生物医療〉の切り取り方が複数ありうるならば、社会や国家というカテゴリーもそれを切り取るような人々の行為によって可能になっているのではないだろうか。この問いは、本書に残された紙面で取り扱うにはあまりに大きすぎるものだが、ここではその可能性を提起しておきたい(4)。

以下、装置としての生物医療がどのように対面的な相互扶助や、プランカシといった町やガーナという国家の編成に関わっているのかを確認することで、(1)装置としての生物医療が社会性そのものの基盤となっていること、(2)しかもその効果は必ずしもひとつの社会性に収束するようなものではなく、複数の社会性のあり方を同時に方向づけうることを示唆しておこう。

装置としての生物医療による対面的な相互扶助の構築

四章で明らかにしたように、装置としての生物医療は、対面的な相互扶助関係の構築に寄与している。ガーナ南部における装置としての生物医療の特定のあり方は特定の形式での医療費の支払いを要求しており、それは対面的な相互扶助の現実化にも重要な契機となっていた。このことは、健康保険の導入前後のいずれの形式においても妥当する。

ホワイトが早くから指摘していたように［Whyte 1992, 1997］、アフリカにおける医療費の支払いの発生は、それ自体、新しい形式での対面的な相互扶助の可能性を拓くものであった。国家によってそれまで無償で提供されていた生物医療サービスが有償化されることは、逆説的に、人々に医療サービスを贈与として扱う契機をも提供することになったからだ。病院やヘルスセンターにおいて高額の医療費が請求されることの多いガーナ南部においても、高額な医療費は個々人が自身の責任で負担するものというよりは、親族や友人の助けを借りながら支払うものとされている［序論二節・四章三節］。

二〇〇四年に導入された健康保険は、掛け金の前払いを要求することにより、医療費の個別化を方向づけているが、同時に、子供を加入させる際に親としての名前の貸し借りを行うという、新しい形での対面的な相互扶助のやり方を作り出してもいた［四章三節］。

装置としての生物医療によるプランカシと国家の構築

このような装置としての生物医療による社会性の構築は、二者関係を基盤とするような対面的な相互扶助だけではなく、プランカシや国家といったより大きな枠組みについても妥当するように思える。

例えば、プランカシという町のまとまりが想起される際に重要な役割を果たしている要素として、サッカーと葬式の二つがある。

都市対抗戦の形をとるサッカーの試合は、プランカシの一体感と境界が最も強烈に意識される機会のひとつである。このサッカーチームのオーナーを務めていたのが、二章で紹介したケミカルセラーの店主リチャードである。二部のアマチュアチームとはいえ、サッカーチームを経営するためには膨大な経費が必要になる。リチャードは、ケミカルセラーにおける商売の成功によって得たカネをこれらのサッカーチームを維持するために提供していた。つまり、プランカシとしての一体感と共感を維持する重要な機会のひとつは、ケミカルセラーや薬剤そのものによって可能になっているのである。

サッカーと同様に、プランカシを維持するための重要な契機となっているのが葬式である。葬式は、親族や友人関係といった対面的な人間関係の繋がりが確認されると同時に、プランカシという匿名的なカテゴリーが維持されるための重要な機会のひとつである［浜田 二〇一二c］。今日のガーナにおいて、葬式の必須の要素のひとつが遺体である。遺体は、通常、死後一か月程度経ってから行われる葬式の前日に病院の冷凍室（霊安室）から運ばれてくる。きれいに飾りつけられた遺体を見に行くことや遺体の埋葬に立ち会うことが葬式に参加する重要な動機となっている。死後一か月後にこのような形で遺体を展示することができるのは、病院の冷凍室で遺体を保管しているからである。つまり、ガーナ南部における葬式の重要性は、病院とそこで遺体を保存することによっても支えられている。

同様のことは、ガーナという国家についても妥当しうる。医療社会学でたびたび指摘されてきたように、生物医療的な要素は国家と密接に関係している［フリードソン 一九九二（一九七〇）；黒田 一九九五］。国家による生物医療従事者に対する身分保証が国際的な生物医療従事者市場の前提になっているのは二章で指摘した通りである。同様に、ケミカルセラーや健康保険も国家の枠組みの中で法律によって規定されている。このように考えると、国家によって生物医療的な要素の存在が支えられていると考えるのが常識的な発想であろう。しかし、同時に、生物医療的な要素の存在が国家の存在を特定の形式で想起する機会を提供しているということも、本書では主張してきた。

健康保険に対して「政府が助けてくれている」と人々が口にするとき、あるいは、健康保険の更新が滞った際に罰金が徴収されるようになったことに対して、「今の政府は、事あるごとにカネを取る」と人々が憤るとき、人々は特定の性質をもった国家の存在を思い描いている。しかし、健康保険との関連で想起されるガーナ国家のあり方は、エヴァルドやロザンヴァロンが社会保険によって想起されていると指摘するような、市民が横に連帯することによって形成されている国家とは異なる。個々の保険加入者に対し、庇護と罰則を与えるようなパトロン的な国家である［四章四節］。

このように、生物医療的な要素の性質に応じて、国家は特定の性質をもった存在として人々に想起されている。

生物医療的な要素を通じた国家の想起は、ヘルスセンターや病院で、乳幼児に対しワクチンが無料提供される際や健康保険の導入に伴って高騰している医療費を支払う際にも妥当する。

装置としての生物医療を越えていく装置を記述すること

このように、本書では当該地域における装置としての生物医療が(1)親族や隣人間の対面的な相互扶助、(2)プランカシという町、(3)ガーナという国家とのパトロン的な関係、という三つの社会性のそれぞれにそれぞれのやり方で寄与している様子を描いてきた。

これらのことからも分かるように、プランカシにおける生物医療的な要素は、単に現地社会の内部にあって人々の生活を一定の方向に導いていくだけではなく、現地社会なるものが想起される過程においても重要な役割を担っている。そうであるならば、現地社会の中から「生物医療」をわざわざ選り分けることによってひとつの全体性を実体化した上で、それと現地社会の相互作用を分析するという、先行研究で頻繁に用いられてきた分析手法にはやはり看過することのできない誤謬が含まれていたと言わざるを得ない。少なくともガーナ南部においては、もはや生物医療的な要素を現地社会の外部にあると想定することはできない。

序論で述べたように、フーコーは装置を分析する際に領域横断的に要素が結びついていることを指摘していた。これは、効果から出発して装置を分析する際の利点である。これに対し、本書では要素から出発して分析することで効果の複数性を強調してきた。しかし、本章一－二でまとめたように、要素から出発したにも関わらず、本書ではフィールドワークを行う前には想定することのできなかった要素間の関係を浮かび上がらせることに成功している。この意味で、本書は、「装置としての生物医療についての民族誌」であると同時に、「装置としての生物医療を越えていく装置についての民族誌」でもある。

同時にこのことは、現地社会なるものが生物医療的な要素や非生物医療的な要素によって、日々再編成され続けていることを意味する。このような現地社会の動態性を描くためには、現地社会を確固とした存在として想定して、その内部で起きていることを追っていくだけでは不充分である。むしろ、現地社会の内部にあると想定される要素のあり方や人々の行為が現地社会の構成や範囲を変えていくような契機に注目していく必要がある。

本書では、生物医療的な要素に注目することによって、部分的にこれを試みてきた。装置としての生物医療を記述することは、「現地社会」に抗しながら現地社会を描くためのひとつの方法なのである。

三　結

本書で明らかにしてきたことは、以下の五点に整理することができる。

(1)「生物医療」をひとつのまとまりとして想定することはできない。〈生物医療〉というカテゴリーは研究の出発点において暫定的に必要なツールであるが、そこに分類されている要素が緊密に結びついていることや一体的に他の領域と相互作用すると、アプリオリに想定することはできない。

(2) 生物医療的な要素は、アフリカにおいてもすでに現地社会の内部にあると想定すべきである。人々の生活において、あらゆる新奇なモノはすぐに現地社会の内部に位置づけなおされ、人々の行為を一定の方向へと導いていく。

(3) 生物医療的な要素は、非生物医療的な要素との関係においてその相貌を変える。また、生物医療的な要素間の関係は、いつでもどこでも一定ではありえない。

(4) 生物医療的な要素からなる装置は、人々の行為、認識、判断を一定の方向に導いていく効果を持っている。ただし、その効果は必ずしもひとつの方向に収束するものではなく、複数の方向への導きが共存する状況の方が、むしろ一般的である。

(5) 生物医療的な要素は、対面的な相互扶助やプランカシの存在といった社会性そのものの基盤ともなっている。このことは、現地社会なるものを明確に境界づけられた固定的な存在としてではなく、具体的な行為やモノ・制度によって現実化しているものとして扱う可能性を示唆するものである。

註

(1) 序論の最後(p20)で述べたように、序論では〈生物医療的な要素〉という表記を採用したが、以後は読みやすを優先し、〈 〉を付けずに使用してきた。結論部においても、〈 〉を付けることなく使用していく。

(2) ただし、これらの研究は、装置としての生物医療が全体としてひとつの方向に人々を導いていると想定しており、本書で主張してきた装置の効果の複数性については議論していない。

(3) 同様の主張は、ファッサンとレヒトマン [Fassin and Rechtman 2009(2007)] によっても繰り返し強調されている。

(4) 浜田 [二〇一二c] では、生物医療的な要素ではなく、開発現象や小王に注目しながらこの作業を部分的に行っている。そこでは、人々の行為によってプランカシというまとまりが維持されていることを示している。

あとがき

本書は二〇一二年一月に一橋大学大学院社会学研究科に提出した博士論文「薬剤と健康保険の人類学：ガーナ南部の農村地帯における生物医療的な布置についての民族誌」をもとに、大幅に加筆・修正を加えたものである。各章の内容の一部は、主に以下の論文として発表している。

第二章
二〇〇八　「薬剤の流通をめぐるポリティクス――ガーナ南部における薬剤政策とケミカルセラー」『文化人類学』七三巻一号、二五‐四八頁。

第三章
二〇一一　「薬剤と顕微鏡――ガーナ南部における疾病概念とモノの布置」『カルチュラル・インターフェイスの人類学』、前川啓治（編）、一八九‐二〇七頁、新曜社。

第四章
二〇一〇　「医療費の支払いにおける相互扶助――ガーナ南部における健康保険の受容をめぐって」『文化

人類学』七五巻三号、三七一－三九四頁。

実をいうと、博士論文を執筆した際にも、私は右に挙げた既発表論文をかなりの程度改稿していた。だから、本書を出版するに当たってそれほど大きな修正をする必要はないと考えていた時期もあった。しかし、改めて草稿に目を通してみると、やはり、それなりに手を入れる必要を感じずにはおれなかった。その後の調査で明らかになったことやガーナ政府から新しいデータが発表されていること、当時は明確に言語化できていなかった理論的な含意が多くあったからだ。

サンコファ（*sankofa*）、という言葉が思い出される。プランカシの人々の多くが母語とするチュイ語には多くのことわざがあり、その中のいくつかはアディンクラ（*adinkra*）と呼ばれる図像としても流通している。サンコファは、アディンクラの中で最も有名な図像のひとつである。それは、過去から学ぶことの重要性を指摘するモチーフとしてしばしば言及されるが、「もし忘れたならば、もう一度取りに行くことは間違っていない」ということわざとも結びついている。字義通りには、「もう一度取りに行く」というのがサンコファの意味だ。プランカシの友人がしてくれた説明が思い起こされる。「ある場所でエサをとった鳥がもう一度同じ場所にエサをとりに行く。それが、サンコファだ」。

「フィールドで見聞きしたことはこういうことなのだ」と思って文章を書いたとしても、後からそれを改めるのは悪くない。「けりがついた」と思っていたことには、常に新しい発見の可能性が眠っているかもしれない。だから、私は、この本を書くにあたってもう一度すでに書いた内容について思考し直した。多くの修正を施したし、これからも同じように修正を加えるかもしれない。それは、間違っていない。サンコファをこのように解釈するのは、少し手前味噌が過ぎるだろうか。

二〇〇五年に初めてガーナを訪れてからすでに一〇年が経とうとしている。その間、私は、それほど長期間ではなかったが毎年プランカシを訪れ、友人たちと語り合い、笑い、泣き、草を刈り、飯を食べてきた。そうやって、何度もプランカシを訪れてきたし、これからもできうる限り訪れ続けるだろう。

改めて吟味するために過去の主題とデータに立ち返り、新たな思考を紡ぐためにプランカシを再訪する。繰り返し、何度も。サンコファ。もう一度取りに行く。それは、本書が書かれたプロセスそのものであり、人類学者としての私の決意でもある。

博士論文の執筆に当たっては、一橋大学の大杉高司先生、春日直樹先生、岡崎彰先生をはじめ社会人類学研究室の多くの方々からご指導とご助言を頂いた。特に大杉高司先生には、毎週ハードに行われていたゼミにおいて、また、博士論文を仕上げる追い込みの時期に、非常に多くのアドバイスと指針を頂いた。私が今まで研究を続けることができたのは、九州大学に移られた浜本満先生や退官された清水昭俊先生、それに一橋社会人類学研究室の院生の皆さんがアウトサイダーであった私を温かく迎え入れてくれたおかげでもある。深田淳太郎さん、上村淳志さん、吉田優貴さん、高橋慶介さんをはじめとする先輩方、同期の渡部瑞希さん、そしてたちの悪い先輩であった私をうまく転がしてくれた研究室の後輩たちには、本当に感謝している。

ガーナ研究の先輩でもある石井美保先生には、京都大学に移られるまでの四年間、研究者としてあるべき姿を身近で見せていただく機会を頂いた。学部生の頃に迷走していた私に人類学者を志す動機を与えて下さったのは千葉大学の武井秀夫先生であり、西アフリカへ向かおうと思ったのは関西外国語大学の近藤英俊先生の影響だった。筑波大学の前川啓治先生、龍谷大学の落合雄彦先生、大阪大学のモハーチ・ゲルゲイさんからは、多くの研究者と交流する機会を頂いた。博士論文の元になった既発表論文の匿名の査読者の方々からは、決して忘れることのできない、非常に多くの有益なコメントを頂いた。

現在、機関研究員として所属している国立民族学博物館では、寺田吉孝先生や吉田ゆか子さんをはじめとする多くの人類学者に囲まれ、有意義な日々を過ごさせていただいている。また、そこで主催している共同研究「再分配を通じた集団の生成に関する比較民族誌的研究――手続きと多層性に注目して」のメンバーからはいつも多くの刺激を受けている。

ガーナ共和国での滞在時は、特に田村芳一さんと栃木加代子さんにお世話になった。また、現地調査は、以下の研究助成によって可能になった。公益信託澁澤民族学振興基金、独立行政法人日本学術振興会科学研究費補助金（特別研究員奨励費）「西アフリカにおける薬剤の普及と医療状況の変容に関する人類学的研究」、「西アフリカにおける健康保険の普及と生物医療の特性に関する人類学的研究」、（研究活動スタート支援）「西アフリカにおける生権力の複数性：ガーナ南部における結核対策を事例に」。ここに記して謝意を示したい。

本書の出版は、独立行政法人日本学術振興会による平成二六年度科学研究費補助金（研究成果公開促進費）の交付を受けて可能になった。風響社の石井雅さんには、突然のお願いにもかかわらず、本書の出版を引き受けていただいた。

ここにすべての人の名前を挙げることはできなかったが、本当に多くの人の励ましと助力、そして許しがあってこそ、こうして本書を上梓することができた。お世話になったすべての皆さまに、心からの謝意を述べたい。

最後に、子供の頃から口だけは達者だった私がここまで成長するのを温かく見守ってくれた両親に本書を捧ぐ。

二〇一四年六月

浜田　明範

参照文献

アイヴァーセン、レスリー
　二〇〇三（二〇〇一）『薬』廣中直行訳、岩波書店。
アガンベン、ジョルジョ
　二〇〇三（一九九五）『ホモ・サケル――主権権力と剥き出しの生』高桑和巳訳・上村忠男解題、以文社。
　二〇〇六「装置とは何か？」『現代思想』三四（七）：八四－九五。
　二〇一〇（二〇〇九）『王国と栄光――オイコノミアと統治の神学的系譜のために』高桑和巳訳、青土社。
池田　光穂
　二〇〇一『実践の医療人類学――中央アメリカ・ヘルスケアシステムにおける医療の地政学的展開』世界思想社。
池田　光穂・奥野　克巳
　二〇〇六「特集にあたって」『地域研究』七（二）：五－一〇。
石井　美保
　二〇〇七『精霊たちのフロンティア――ガーナ南部の開拓移民社会における〈超常現象〉の民族誌』世界思想社。
イリッチ、イヴァン
　一九九八（一九七六）『脱病院化社会――医療の限界』金子嗣郎訳、晶文社。
大杉　高司
　一九九九『無為のクレオール』岩波書店。
奥野　克巳

二〇〇六　『帝国医療と人類学』春風社。
織田 雪世
二〇一一　『髪を装う女性たち——ガーナ都市部におけるジェンダーと女性の経済活動』京都大学アフリカ研究シリーズ〇〇二、松香堂書店。
重田 園江
二〇〇三　『フーコーの穴——統計学と統治の現在』木鐸社。
二〇一一　『ミシェル・フーコー——近代を裏から読む』ちくま新書。
春日 直樹（編）
二〇一一　『現実批判の人類学——新世代のエスノグラフィへ』世界思想社。
金森 修
二〇一〇　『〈生政治〉の哲学』ミネルヴァ書房。
グッド、バイロン
二〇〇一（一九九三）『医療・合理性・経験——バイロン・グッドの医療人類学講義』江口重幸他訳、誠信書房。
クラインマン、アーサー
一九九二（一九八〇）『臨床人類学——文化のなかの病者と治療者』大橋英寿他訳、弘文堂。
一九九六（一九八八）『病いの語り——慢性の病いをめぐる臨床人類学』江口重幸他訳、誠信書房。
黒田 浩一郎
一九九五　「国家」黒田浩一郎（編）『現代医療の社会学』、一四六‐一六八、世界思想社。
黒田 浩一郎（編）
一九九五　『現代医療の社会学』世界思想社。
古閑 恭子
二〇〇九　「英語主義か多言語主義か——ガーナの言語問題」梶茂樹・砂野幸稔（編）『アフリカのことばと社会——多言語状況を生きるということ』、九七‐一二五、三元社。
古閑 恭子・サミュエル・アンポンサー
2009　*Let's Study Akan!: Ma yensua Twii!.* 東京外国語大学アジア・アフリカ言語文化研究所。
近藤 英俊

二〇〇七「瞬間を生きる個の謎、謎めくアフリカ現代」阿部年晴・小田亮・近藤英俊（編）『呪術化するモダニティ――現代アフリカの宗教的実践から』、一九‐一一〇、風響社。
佐藤純一
一九九五「医学」黒田浩一郎（編）『現代医療の社会学』、二一‐三一、世界思想社。
シルバーマン・ミルトン・フィリップ・R・リー
一九七八（一九七四）『薬害と政治――薬の氾濫への処方箋』平沢正夫訳、紀伊国屋書店。
スペルベル、ダン
一九八四（一九八二）『人類学とは何か』菅野盾樹訳、紀伊國屋書店。
ゼライザー、ヴィヴィアナ・ロトマン・A.
一九九四（一九七九）『モラルとマーケット――生命保険と死の文化』田村祐一郎訳、千倉書房。
高城和義
二〇〇二『パーソンズ――医療社会学の構想』岩波書店。
高根務
一九九九『ガーナのココア生産農民――小農輸出作物生産の社会的側面』アジア経済研究所。
武井秀夫
一九九二「保健所という名のカーゴ――北西アマゾンにおける制度的医療の受容の一側面」波平恵美子（編）『人類学と医療』、四四‐六九、弘文堂。
田中雅一（編）
二〇〇九『フェティシズム研究一――フェティシズム論の系譜と展望』京都大学出版会。
田原範子
二〇〇七『包摂と開放の知――アサンテ世界の生活実践から』嵯峨野書院。
ドイアル、レズリー
一九九〇（一九七九）『健康と医療の経済学――より健康な社会をめざして』青木郁夫訳、法律文化社。
中川理
二〇〇九「不確実性のゆくえ――フランスにおける連帯経済の事例を通して」『文化人類学』七三（四）：五八六‐六〇九。
中川敏

二〇〇七　「エンデで家を建てる方法――資源としての貨幣と資源でない貨幣」春日直樹（編）『貨幣と資源――資源人類学第5巻』、二三一‐二五九、東京外国語大学アジア・アフリカ言語文化研究所。

野元　美佐
二〇〇五　『アフリカ都市の民族誌――カメルーンの「商人」バミレケのカネと故郷』明石書店。

浜田　明範
二〇〇六　「薬剤の氾濫と生物医療」『くにたち人類学研究』一：二三‐三八。
二〇〇八a　「薬剤の流通をめぐるポリティクス――ガーナ南部における薬剤政策とケミカルセラー」『文化人類学』七三（一）：二五‐四八。
二〇〇八b　「慣習化する診断、供給される薬剤――ガーナ南部におけるヘルスセンターの薬剤化をめぐって」（未出版）『日本文化人類学会第四二回研究大会』京都大学。
二〇一〇　「医療費の支払いにおける相互扶助――ガーナ南部における健康保険の受容をめぐって」『文化人類学』七五（三）：三七一‐三九四。
二〇一二a　「薬剤と健康保険の人類学――ガーナ南部の農村地帯における生物医療的な布置についての民族誌」一橋大学社会学研究科博士論文、一四〇。
二〇一二b　「薬剤と顕微鏡――ガーナ南部における疾病概念とモノの布置」前川啓治（編）『カルチュラル・インターフェイスの人類学』、一八九‐二〇七、新曜社。
二〇一二c　「提喩的想像の多層性――ガーナ南部における『われわれ』の生成」吉田匡興ら（編）『共在の論理と倫理――家族・民・まなざしの人類学』、五一‐七一、はる書房。
二〇一五　（印刷中）「書き換えの干渉――文脈作成としての政策、適応、ミステリ」『一橋社会科学：特集号「脱／文脈化を思考する」』掲載予定。

浜本　満
一九九六　「差異のとらえかた――相対主義と普遍主義」清水昭俊（編）『思想化される周辺社会　岩波講座文化人類学第一二巻』、六八‐九六、岩波書店。
二〇〇七　「他者の信念を記述すること――人類学における一つの擬似問題とその解消試案」『九州大学大学院教育学研究紀要』第九号：五三‐七〇。
二〇〇八　「信念と賭け：パスカルとジェイムズ――社会空間における信念の生態学試論一」『九州大学大学院教育学研究紀

二〇〇九「進化ゲームと信念の生態学――社会空間における信念の生態学試論二」、『九州大学大学院教育学研究紀要』第一〇号：一二三-一四一。
二〇一一号：一二五-一五〇。

廣瀬　弘忠
二〇〇一『心の潜在力――プラシーボ効果』朝日新聞社。

フーコー、ミシェル
二〇〇〇（一九七七）「身体をつらぬく権力」『ミシェル・フーコー思考集成Ⅵ――セクシャリテ／真理』山田登世子訳、筑摩書房、三〇一-三一三。
二〇〇七（二〇〇四）『安全・領土・人口――コレージュ・ド・フランス講義　一九七七-一九七八年度　ミシェル・フーコー講義集成七』高桑和巳訳、筑摩書房。
二〇〇八（二〇〇四）『生政治の誕生――コレージュ・ド・フランス講義　一九七八-一九七九年度　ミシェル・フーコー講義集成八』槙改康之訳、筑摩書房。

深田　淳太郎
二〇〇九「つながる実践と区切り出される意味――パプアニューギニア、トーライ社会の葬式における貝貨の使い方」『文化人類学』七三（四）：五三五-五五九。

フリードソン、エリオット
一九九二（一九七〇）『医療と専門家支配』進藤雄三・宝月誠訳、恒星社厚生閣。

別府　宏国
二〇〇二『医者が薬を疑うとき』亜紀書房。

ポラニー、カール
二〇〇九（一九四四）『大転換――市場社会の形成と崩壊』野口建彦・栖原学訳、東洋経済。

マーチン、エミリー
一九九六（一九九四）『免疫複合――流動化する身体と社会』菅靖彦訳、青土社。

美馬　達哉
一九九五「病院」黒田浩一郎（編）『現代医療の社会学』、五九-八〇、世界思想社。
二〇〇七『〈病〉のスペクタクル――生権力の政治学』人文書院。

メルローズ、ダイアナ
一九八七（一九八二）『薬に病む第三世界』上田昌文他訳、勁草書房。
レヴィ＝ストロース、クロード
一九七六（一九六二）『野生の思考』大橋保夫訳、みすず書房。
ロザンヴァロン、ピエール
二〇〇六（一九九五）『連帯の新たなる哲学――福祉国家再考』北垣徹訳、勁草書房。Adams, Isaac

Adams, Isaac
2001 Implementation of User Fee Policy in Ghana: A Review of the Issues（Part 1）. *Information for Action: A Bulletin of Health Information* 1（2-3）: 3-13.

Addae, Stephen
1996 *Evolution of Modern Medicine in a Developing Country: Ghana 1880-1960.* Durham Academic Press.

Affrifah, Kofi
2000 *The Akyem Fator in Ghana's History 1700-1875.* Ghana University Press.

Appadurai, Arjun
1988 Introduction: Commodities and the Politics of Value. In Arjurn Appadurai（ed.）*The Social Life of Things: Commodities in Cultural Perspective.* pp 3-63. Cambridge University Press.

Appiah-Kubi, Kofi
1981 *Man Cures, God Heals: Religion and Medical Practice Among the Akans of Ghana.* Friendship Press.

Arhin, Kwame
1994 The Economic Implication of Transformations in Akan Funeral Rites. *Africa* 64（3）307-322.

Asenso-Boadi, Francis Mensah and Joanna Coast
2007 Using National Health Insurance Schemes to Finance Health Care in Ghana: Are the People Willing to Pay? *Ghana Political Journal* 1: 23-44.

Atim, Chris

1999 Social Movement and Health Insurance: A Critical Evaluation of Voluntary, Non-Profit Insurance Scheme with Case Studies from Ghana and Cameroon. *Social Science and Medicine* 48: 881-896.

Baer, Hans A

2004 Medical Pluralism. In C. Ember and M. Ember (eds.) pp 109-16.

Baker, Tom and Jonathan Simon

2002 Embracing Risk. In T. Baker and J. Simon (eds.) pp. 1-25.

Baker, Tom and Jonathan Simon (eds.)

2002 *Embracing Risk: The Changing Culture of Insurance and Responsibility.* The University of Chicago Press.

Bierlich, Bernhard

1999 Sacrifice, Plants and Western Pharmaceuticals: Money and Health Care in Northern Ghana. *Medical Anthropology Quarterly* 13(2): 316-37.

Bledosoe, Caroline H. and Monica F. Goubaud

1988 The Reinterpretation and Distribution of Western Pharmaceuticals: An Example from the Mende of Sierra Leone. In S. van der Geest and S.Whyte (eds.), pp. 253-276.

Bortei-Doke, Ellen and Ernest Aryeetey

1995 Mobilizing Cash for Business: Woman in Rotating *Susu* Clubs in Ghana. In *Money-Go-Rounds: The Importance of Rotating Savings and Credit Associations for Women.* S. Ardener and S. Burman (eds.) pp. 79-94. Berg.

Brunton, Laurence, Bruce Chabner and Bjorn Knollman, (eds.).

2011 *Goodman & Gilman's The Pharmacological Basis of Therapeutics 12th Edition,* New York: McGraw-Hill Books.

Comaroff, Jean and John L. Comaroff

1999 Occult Economies and the Violence of Abstraction: Notes from the South African Postcolony. *American Ethnologist* 26(2): 279-303.

Cunningham, Clark E

1970 Thai "Injection Doctors": Antibiotic Mediator. *Social Science and Medicine* 4: 1-24.

Danquar, J. B

1928 *Gold Coast: Akan Laws and Coustoms and the Akim Abuakwa Contitution.* Routledge.

Dean, Mitchell

1999 Risk, Calculable and Incalculable. In *Risk and Sociocultural Theory: New Direction and Perspectives*. Lupton, D. (ed.), pp. 131-159. Cambridge University Press.

Eaton, Gail

1980 Non-compliance. In *Prescribing Practice and Drug Usage*. Roy M. Mapes (ed.). pp. 201-213. Croom Helm.

Ember, Carol R. and Melvin Ember

2004 *Encyclopedia of Medical Anthropology: Health and Illness in the World's Cultures*. Springer.

Etkin, Nina L

1994 The Negotiation of `Side、Effect in Hausa (Northern Nigeria) Therapeutics. In N. Etkin and M. Tan (eds.), pp. 17-32.

Etkin, Nina L., and Michael L. Tan (eds.)

1994 *Medicines: Meanings and Contexts*. Health Action International Network.

Ewald, Francois

1991 Insurance and Risk. In *The Foucault Effect: Studies in Governmentality*. Burchell, G. Gordon, C. and Miller, P. (eds.), pp. 197-210. University of Chicago Press.

2002 The Return of Descartes's Malicious Demon: An Outline of Philosophy of Precaution (Translated by Stephen Utz). In *Embracing Risk: The Changing Culture of Insurance and Responsibility*. Baker, T and J. Simon (eds.) pp. 273-301. University of Chicago Press.

Fassin, Didier, Richard Rechtman

2009 (2007) *The Empire of Trauma: An Inquiry into the Condition of Victimhood*. Translated by Rachel Gomme, Princeton University Press.

Ferguson, Anne

1988 Commercial Pharmaceutical Medicine and Medicalization: A Case Study from El Salvador. In van der Geest and Whyte (eds.), pp. 19-46.

Ferguson, James

2006 *Global Shadows: Africa in the Neoliberal World Order*. Duke University Press.

Field, M. J

1948 *Akim-Kotoku: An Oman of the Gold Cost.* The Crown Agents for The Colonies.

Gaines, Atwood D. and Robbie Davis-Floyd

2004 Biomedicine. In C. Ember and M. Ember（eds.）, pp. 95-109.

Gell, Alfred

1988 *Art and Agency: An Anthropological Theory.* Clarendon Press.

Hahn, A. Robert and Arthur Klienman

1983 Biomedical Practice and Anthropological Theory: Frameworks and Directions. *Annual Review of Anthropology* 12: 305-333.

Hardon, Anita

1994 Peoples、Understanding of Efficacy for Cough and Cold Medicines in Manila, the Philippines. In N. Etkin and M. Tan（eds.）, pp. 46-69.

Igun, U. A

1987 Why We Seek Treatment Here: Retail Pharmacy and Clinical Practice in Maiduguri, Nigeria. *Social Science and Medicine* 24（8）: 689-695

Institute of Statistical, Social and Economic Research（ISSER）

2008 *The State of the Ghanaian Economy in 2007.* Institute of Statistical, Social and Economic Research, University of Ghana.

Janzen, John M.

1978 *The Quest for Therapy: Medical Pluralism in Lower Zaire.* University of California Press.

Kapchan, Deboah A. and Pauline Turner Strong.

1999 Theorizing the Hybrid. *The Journal of American Folklore* 112（445）: 239-253.

Kotey, Paul A

1998 *Twi-English/English-Twi Concise Dictionary（Hippocrene Concise Dictionary）*. Hippocrene Books.

Latour, Bruno

2005 *Reassembling the Social: An Introduction to Actor-Network-Theory.* Oxford University Press.

Last, Murray

2007（1981） The Importance of Knowing about not Knowing. In Roland Littlewood（ed.）*On Knowing and not Knowing in the Anthropology of Medicine.* Left Coast Press. pp1-17.（= The Importance of Knowing about not Knowing in Causality and

Classification in African Medicine and Health. *Social Science and Medicine* 15B（3）: 387-392).

Lock, Margaret

2004 Biomedical Technologies: Anthropological Approaches. In C. Ember and M. Ember（eds.）pp. 86-95.

Lock, Margaret and Mark Nichter

2002 Introduction: From Documenting Medical Pluralism to Critical Interpretations of Globalised Health Knowledge, Policies, and Practices. In M. Lock and M. Nichter（eds.）pp. 1-34.

Lock, Margaret and Mark Nichter（eds.）

2002 *New Horizons in Medical Anthropology: Essays in Honour of Charles Leslie*. Routledge.

Logan, Michael H

1973 Humoral Medicine in Guatemala and Peasant Acceptance of Modern Medicine. *Human Organization* 32（4）: 385-395.

1988 'Casi Como Doctor': Pharmacy and Over-the-Counter Medications in the Health Care System of a Mexican City. In S. van der Geest and S. Whyte (eds.). pp. 107-129.

Lupton, Deborah

1999 *Risk*. Routledge.

Martineau, Tim, Karola Decker and Peter Bundred.

2004 "Brain Drain" of Health Professionals: From Rhetoric to Responsible Action. *Health Policy* 70: 1-10

Mol, Annemarie

2002 *The Body Multiple: Ontology in Medical Practice*. Duke University Press.

Mol, Annemarie and John Law

1994 Regions, Networks and Fluids: Anemia and Social Topology. *Social Studies of Science* 24（4）: 641-671.

Nichter, Mark

1980 The layperson's perception of medicine as perspective into the utilization of multiple therapy systems in the Indian context. *Social Science and Medicine* 14B: 225-233

Nichter, Mark and Nancy Vuckovic

1994 Agenda for an anthropology of pharmaceutical practice. *Social Science and Medicine* 39（11）: 1509-1525.

Nyonator, Frank and Delanyo Dovlo

2005 The Health of the Nation and the Brain Drain in the Health Sector. In *At Home in the World?: International Migration and Development in Contemporary Ghana and West Africa.* Takyiwaa Manuh（ed.）. pp. 227-249. Sub-Saharan Publishers.

Nyonator, Frank, F. B. Asare, and Harry Tayvia

2001 From the Central Medical Store to the Patient: A Situation Analysis of Mark-ups on Drugs in the Volta Region. *Information for Action: A Bulletin of Health Information* 1（2-3）: 32-36.

Oppong, Christine

2006 Introduction. In *Sex and Gender in an Era of AIDS: Ghana at the Turn of the Millennium.* Christine Oppong, M. Yaa P. A. Oppong, and Irene K. Odotei（eds.）. pp. 1-39. Sub-Saharan Publishers.

Osei-Akoto, Issac

2002 *Demand for Voluntary Health Insurance by the Poor in Developing Countries: Evidence from Rural Ghana.* Center for Development Research, University of Bonn.

Petryna, Adriana and Arthur Kleinman

2006 The Pharmaceutical Nexus. In Petryna, Lakoff and Kleinamn（eds.）, pp. 1-32.

Petryna, Adriana, Andrew Lakoff and Arthur Kleinman（eds.）

2006 *Global Pharmaceuticals: Ethics, Markets, Practices.* Duke University Press.

Senah, Kodjo Amedjorteh

1994 Blofo Tshofa: Local perception of medicines in a Ghanaian Coastal Community. In Etkin and M. Tan（eds）, pp. 83-102. Health Action Information Network.

1997 *Money Be Man: The Popularity of Medicines in a Rural Ghanaian Community.* Het Spinhuis.

Stone, Deborah

2002 Beyond Moral Hazard: Insurance as Moral Opportunity. In T. BAKER and J. SIMON（eds.）pp. 52-79.

Strathern, Marilyn

1996 Cutting the Network. *The Journal of Royal Anthropological Institute* 2（3）: 517-535

1999 *Property, Substance and Effect: Anthropological Essays on Persons and Things.* The Athlone Press.

2004 *Partial Connections*, Updated Edition. Altamira Press.

Turshen, Meredeth

1999 *Privatizing Health Services in Africa.* Rutgers University Press.

Twumasi, P. A

1975 *Medical Systems in Ghana: A Study in Medical Sociology.* Ghana Publishing Corporation.

Ugalde, A. and N. Homedes

1988 Medicines and Rural Health Services: An Experiment in the Dominican Republic. In van der Geest and Whyte (eds.), pp. 57-80.

van der Geest, Sjaak

1982 The Efficacy of Inefficacy: Medicine Distribution in South Cameroon. *Social Science and Medicine* 16: 2145-2153.

1987 Self-Care and the Informal Medicine Distribution in South Cameroon. *Social Science and Medicine* 25: 293-305.

1988 The Articulation of Formal and Informal Medicine Distribution in South Cameroon, In van der Geest and Whyte (eds.), pp. 131-148.

van der Geest, Sjaak and Susan Reynolds Whyte (eds.)

1988 *The Context of Medicines in Developing Countries: Studies in Pharmaceutical Anthropology.* Kluwer Academic Publishers.

van der Geest, Sjaak and Susan Reynolds Whyte and Anita Hardon

1996 The Anthropology of Pharmaceuticals: A Biographical Approach. *Annual Review of Anthropology* 25: 153-178.

Whyte, Susan Reynolds

1988 The Power of Medicines in East Africa. In van der Geest and Whyte (eds.), pp. 217-234.

1992 Pharmaceuticals as Folk Medicine: Transformations in the Social Relations of Health Care in Uganda. *Culture, Medicine and Psychiatry* 16: 163-186.

1997 *Questioning Misfortune: The Pragmatics of Uncertainty in Eastern Uganda.* Cambridge University Press.

Whyte, Susan Reynolds, Michael A., Lotte Meinert, and Betty Kyaddondo

2006 Treating AIDS: Dilemmas of Unequal Access in Uganda. In Petryna, Lakoff, and Kleinman (eds.) , pp. 240-262

Wisemann, Doris and Johannes Jutting

2000 The Emerging Movement of Community Based Health Insurance in Sub-Saharan Africa: Experience and Lesson Learned. *Afrika Spectrum* 35 (2) : 193-210.

Wolffers, Ivan

1987　Drug information and sale practices in some pharmacies of Colombo, Sri Lanka. *Social Science and Medicine* 25（3）: 319-321

一次資料

新聞

Ghana News Agency

2005　Pharmacy Council warns drug peddlers, November 30（http: //www.ghanaweb.com/ 二〇一一年九月六日アクセス）

ガーナ政府文書

Government of Ghana

1961　Act64: Pharmacy and Drugs Act.

1994　Act489: Pharmacy Act.

1998　*Tit-Bits for the Licensed Chemical Seller.*（Pharmacy Council）

1999　*Baseline Study on the Pharmaceutical Sector in Ghana: Rational Use, Procurement and Financing of Drug, Final Report.*（Ghana National Drugs Programme and Ministry of Health）

2002a　*An Assessment of the Pharmaceutical Sector in Ghana.*（Ministry of Health and Ghana National Drugs Programme）

2002b　Establishment of Health Insurance in Ghana: A Policy Proposal for Service and Financing Mechanism. *Information for Action: A Bulletin of Health Information* 1（2-3）: 53-57.

2003　Act650: National Health Insurance Act.

2004a　*Ghana National Drug Policy: Second Edition.*（Ghana National Drug Programme）

2004b　*Ghana Essential Medicines List: Fifth Edition, 2004.*（Ghana National Drug Programme）

2005a　*2005 Annual Report.*（Ghana Health Service）

2005b　*Facts and Figure 2005.*（Ghana Health Service）

2005c　*2005 Programme of Work.*（Kwaebibirim Health Directorate）

2005d　*2000 Population and Housing Census of Ghana: The Gazetteer 3（NA-ZU）.*（Ghana Stastical Service）

2006a *Medicine Prices in Ghana: A Comparative Study of Public, Private and Mission Sector Medicine Price.* (Ghana Health Service)

2006b *Training Programme for Licensed Chemical Seller 2006.* (Pharmacy Council)

2007a *2007 Annual Report.* (Ghana Health Service)

2007b *Training Programme for Licensed Chemical Sellers: 2007 Training Handbook.* (Pharmacy Council)

2008 *National Health Insurance Scheme Tariff and Benefits Package Operation Manual.* (National Health Insurance Scheme)

2009 *Facts and Figure 2009.* (Ghana Health Service)

2010 *Annnual Report 2009.* (National Health Insurance Authority)

2011 *Annnual Report 2010.* (National Health Insurance Authority)

2012a *2010 Population & Housing Cunsus: Summary Report of Final Results.* (Ghana Statistical Service)

2012b *Population by Region, District, Age Groups and sex, 2010.* (Ghana Statistical Service)

2012c *Annnual Report 2011.* (National Health Insurance Authority)

2013 *Annnual Report 2012.* (National Health Insurance Authority)

Government of Gold Coast

1946 Pharmacy and Poisons.

国際機関

ＷＨＯ (World Health Organization)

1975 Prophylactic and Therapeutic Substances. In *Official Records of the World Health Organization* No 226, Annex13 pp. 96-110.

1977 *The election of Essential Drugs: Report of a WHO Expert Committee.* World Health Organization.

2001 *How to Develop and Implement a National Drug Policy: Second Edition.* World Health Organization.

写真・図表一覧

ナ

ハ

タ

索　引

著者紹介

浜田明範（はまだ　あきのり）

1981年東京都生まれ。

2010年一橋大学大学院社会学研究科博士後期課程単位取得退学。博士（社会学）。

専攻は医療人類学、アフリカ地域研究。

現在、国立民族学博物館先端人類科学研究部機関研究員。

主著書として、『カルチュラル・インターフェイスの人類学』（新曜社、2012年、共著）、『共在の論理と倫理：家族・民・まなざしの人類学』（はる書房、2012年、共著）、『アフリカ・ドラッグ考：交錯する生産・取引・乱用・文化・統制』（晃洋書房、2014年、共著）、論文として、「薬剤の流通をめぐるポリティクス：ガーナ南部における薬剤政策とケミカルセラー」（『文化人類学』73巻1号、2008年）、「医療費の支払いにおける相互扶助：ガーナ南部における健康保険の受容をめぐって」（『文化人類学』75巻3号、2010年）、「書き換えの干渉：文脈作成としての政策、適応、ミステリ」（『一橋社会科学』印刷中）など。

薬剤と健康保険の人類学　ガーナ南部における生物医療をめぐって

2015年2月10日　印刷
2015年2月20日　発行

著　者　浜田明範
発行者　石井　雅
発行所　株式会社　風響社

東京都北区田端4-14-9（〒114-0014）
TEL 03(3828)9249　振替 00110-0-553554
印刷　モリモト印刷

ISBN978- 4-89489- 208-8 C3039